读
行
者

从阅读走进现实

knowledge-power

knowledge-power

读行者

超人类革命

La révolution transhumaniste

生物科技将如何改变我们的未来？

[法]吕克·费希/著
周　行/译

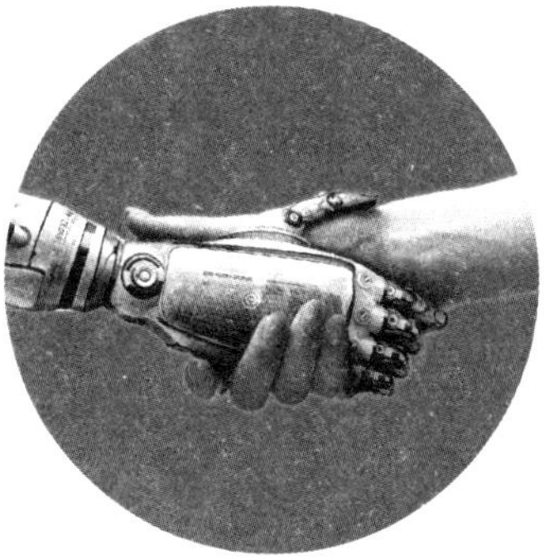

湖南科学技术出版社　博集天卷 CS-BOOKY

目录

Contents » 超人类革命

导 论

这是一本什么书？
为什么要写这本书？

千万别以为这是科幻：2015 年 4 月 18 日，一个中国基因科学家小组对 83 个人类胚胎进行了一次实验，旨在“修复”甚至“改善”胚胎细胞基因组。用于做实验的胚胎是否全部属于不能成活的胚胎？实验是否合乎道德规范且在限定时间内完成？实验结果如何？因为此类研究的相关信息很不透明，没人能够真正回答上述问题。此外，报告该实验结果的论文被两大著名权威刊物《科学》和《自然》拒稿，若是得到发表，也许能证明该实验的合理性。不过至少可以肯定，近年来“剪切 / 复制”基因序列片段的技术[1]的发展突飞猛进，以至于当前的生物技术已经能改变人类个体的基因，就像人类很久前改造玉米、水稻和小麦的种子一样（这些出了名的“转基因作物”引发了环境保护主义者的担忧和愤怒）。

人类基因改造这条路能走多远？会不会有朝一日（很快将实现还是已

[1] 最突出的是基因科学家小组在此次实验中所使用的所谓“基因敲除技术”，可剪切粘贴 DNA（脱氧核糖核酸）序列，由一位法国女科学家埃马努尔·沙尔庞捷（Emmanuelle Charpentier）和一位美国女科学家詹妮弗·杜娜（Jennifer Doudna）研发，这一重大突破据称原本有望获得 2015 年诺贝尔奖。

经实现？）我们能随意改变孩子的某一特质——智力、身高、体格或相貌，选择性别、头发或眼珠的颜色？目前人类还没有到那一步，技术和科学层面还存在诸多障碍，但是至少在理论上一切皆有可能。世界各地有许多科研小组正在极为严肃地研究这一课题。此外还可以肯定的是，这些领域的技术科学正以超乎想象的迅猛速度蓬勃发展，但都没有大张旗鼓，也没有引起政界人士的注意或媒体的广泛关注，因此几乎完全不为普罗大众知晓，也不受任何有哪怕一点约束力的法规制约。

正如法国之外其他国家——主要在美国和德国——的一部分知名思想家，如弗朗西斯·福山（Francis Fukuyama）、迈克尔·桑德尔（Michael Sandel）和尤尔根·哈贝马斯（Jürgen Habermas）所想的那样，这一新形势迫使我们思考、预见这些人对人的新控制力在未来若干年内将不可避免地引发的诸多深刻问题，包括道德、政治、经济乃至信仰等多方面。本书旨在尝试提出这些问题，分析其来龙去脉并进行解释，从而尽早找到问题的关键所在。

眼下法国和整个欧洲确实需要认识到，美国正在兴起一种名为"超人类主义"的新意识形态，不仅有"超人类主义"预言家、学者，还有令人瞩目的代表人物和知识界拥趸。这一思潮日益强大，得到了Google（谷歌）等互联网巨擘的支持，拥有若干研究中心，并获得源源不绝的资金支持。这个运动虽然在法国尚少人知晓，但在其他国家，尤其是美国，已经有了数以千计的相关文章和论坛，在大学、医院、研究中心、经济及政治团体中引发了热烈的讨论。相关研究协会的国际影响力也越来越大，甚至有人宣称下一届美国总统选举将会出现一名倡导超人类主义的总统候选人。笼统地说（但我们将在第一章进行深入详细的探讨），超人类主义者正凭借其拥有的非常可观的科学手段和物质资源，宣扬新技术，支持采用新技术，支持大量使用干细胞，支持克隆繁殖，支持人机混合，支持基因工程及胚胎操纵，这些或将以不可逆转的方式改变我们人类，目的是改善人类的生存状况。

为什么要使用“革命”这个词？是不是有些牵强？

一点也不。首先因为这类计划已经变得有可能，而且，上文提到亚洲国家甚至已经在进行实验了。鉴于生物技术、信息技术、纳米技术、再生医学、机器人技术、3D 打印和人工智能近来突飞猛进，今后在某些国家每年都会出现更大发展。其次，新型医药——及其对传统医药观的颠覆——似乎日渐被大众所接受，尽管部分观察家乍看之下表示对新型医药感到恐慌。

至于为何说“革命”这一词非常重要，我们将在下文中厘清这一点。

医学的目的从治疗转变为“增强/改善”

有史以来，医学一直都基于一个简单的概念、一个已被反复验证有效的模式：“修复”生物体内被疾病所“破坏”的那一部分。医学的思想框架主要是（且不说完全是）“治疗”性的。比如在古希腊，医生的职责是保证健康，也就是人的生物层面的和谐，如同法官的职责是保证人的社会层面的和谐。在失去秩序之后恢复秩序，在病原体或犯罪分子引发的生物层面或社会层面的疾病出现之后想办法恢复和谐，在明确的正常与病态的两极之间往复，对那些倡导超人类主义运动的人来说已经过时。有了 NBIC[1] 新技术，即纳米技术、生物技术、信息技术（大数据和互联网）和认知科学（人工智能和机器人）之后，这些极具颠覆性而又极其迅速的技术革新很可能在未来四十年里使医药和经济领域发生过去四千年里都不曾出现的巨大变化，再加上我刚刚提到的人机混合技术以及 3D 打印（尤其是在医学上的使用）也在发生爆炸式的发展，以往的医学范式已经被超越。

NBIC 新技术——如果你还不知道这个词，不要担心，我们会在后面

[1] NBIC，是 Nanotechnology（纳米技术）、Biotechnology（生物技术）、Information technology（信息技术）、Cognitive science（认知科学）的简称。

相关章节中给出尽量清晰的解释，并厘清对于理解超人类主义不可或缺的一些基本概念，让我们可以从一个新的角度来看待医学职业。医学不再仅仅局限于“修复”，还可以“改善”人，超人类主义者称之为“提高”和“增强”。（和信息系统中将虚拟图像与真实图像重叠获得的“增强现实”同义。所谓“增强现实”，是指将智能手机上的摄像头对准城市中的某个建筑物，然后你会在手机屏幕上看到这座建筑物的落成日期、建筑师姓名、最初和现在的用途等等。“增强”将是生物与医学领域里的一场真正的革命。)我们会看到NBIC技术将触及人类生命的方方面面，比如共享经济——优步（Uber）、Airbnb[1]、BlaBlaCar[2]这类公司的出现就是例子。

超人类主义者很有说服力地指出，这种看待医学的视角变化多年前就已经出现，只是人们并未觉察和反思。比如，整形手术在20世纪一直发展，其目的并不是为了治疗，而确确实实是为了改善，具体说是“美化”人的身体。因为我们知道丑陋并不是一种疾病，丑陋的相貌——不论人们如何定义丑陋——跟病理无关，尽管它有时可能是疾病带来的结果。又比如万艾可（伟哥）和其他能增强性功能的药物，它们的存在也是为了增强人体的某种机能。

在很多领域，治疗与改善之间的界限是模糊的，比如我们使用的抗衰

[1] 中文名为“爱彼迎”，一家让家有空房的房主为有住房需求的人提供短期出租房屋或房间的服务的公司。总部位于美国旧金山。

[2] BlaBlaCar，欧洲长途拼车服务公司，帮助旅行者寻找与自己出门路线相同的私人汽车并预订空闲座位。

老药物，到底是属于“治疗”类还是“改善”类？疫苗又属于前者还是后者呢？超人类主义文献中充满对此类话题和论据的尖锐讨论。“改善”和“治疗”之间的区分不仅难以界定，而且在超人类主义者眼中，这种区分在道德层面不具有任何价值。超人类主义者喜欢用“两个小矮人”的例子来阐释他们的观点：有两个人身高都不超过一米四五，其中一个人是因为童年得病，另一个人是因为父母也个子矮小，所以很“正常”。两个人都因为身材太矮小而在一个偏好高大身材的社会中受到歧视，为什么只治疗其中一个而拒绝另一个呢？在道德层面上，从超人类主义的观点看来，区分病理性的侏儒和“正常”的侏儒并无意义，被关注的应该只是个体所经受的痛苦。

再看另一个例子。

在法国，现在有约四万人患有一种退行性的基因疾病——视网膜色素变性，这会使患者逐渐失明。一家德国公司研发出了一种电子芯片，可以植入患者视网膜，恢复其大部分视力。芯片将光线转换为电信号并将其放大，通过一个电极传输到视网膜上，使这些信号能够通过正常的视神经通道抵达大脑然后转换成图像。请注意，不久前这还被视为科幻。回到20世纪初，一流的学者可能会认为自称发明这一技术的人是招摇撞骗！今天，这已经成为现实，我们听到这样的消息也不会太感意外。这恰巧是一个很好的例子，说明医学是如何不知不觉地从治疗疾病演变成增强机能：起初当然是为了治疗病理症状，而最后的结果却是人与机器的混合。此外，假如有朝一日科学再进一步，基因治疗手术可以通过“剪切 / 粘贴”的手段对胚胎中具有缺陷的基因进行修复，我们也很难反对这种治疗，原因很简单：几乎找不出任何反对这种手术的理由。

因此，我希望我的读者能够对以下这句话有所理解：超人类计划所引发的道德伦理问题远远不像有些人以为的那么简单，如大众媒体上通常会有人以为自己可以站队“支持”或“反对”，好像这个问题能用非此即彼的方式解决似的。科学的进步既有可能带来令人赞叹的好处，也有可能产生非常可怕的后果。

在下文中我们将看到，严格区分以下两者极为重要，尽管有时两者之间的界限很模糊：一是现实，或者说至少是真正的科学研究，二是与之相伴的意识形态。意识形态有时候很讨厌，有时甚至很可怕。比如上文提到的视网膜色素变性的例子，只要去问一问那些得益于电子芯片而重见光明的人，就能理解这确实是非常符合人们需求的发展方向。正如某个法国报纸[1]采访的一位英国女性告诉我们的，她从小失明，看不见自己的两个女儿长什么样子，手术成功后，她“感觉自己就像是过圣诞节的孩子一样开心”。在这个问题上，影响我们思考的真正敌人是把一切简单化。把超人类革命说成“噩梦”和把它说成“福祉”或“救赎”一样极为愚蠢。我们要注意细微差异，或者更好的说法是要区分清楚科学与意识形态、治疗与增强，甚至是上文刚刚提到的那个例子里传统治

[1]《巴黎人报》，2016 年 1 月 8 日。

疗与增强性治疗之间的界限和差别。归根结底，最后都回到同一个问题：到底是要让人变得更加像人——或者说，使人变得更加像人所以变得更好——还是反过来使人失去人的本质，甚至人工制造出一种新的物种，即后人类？

对抗衰老与死亡

显然，超人类主义革命者是从“改善”的角度贯彻他们的逻辑的，把衰老与死亡看作病理或类似于疾病的不好的东西。衰老和死亡毕竟也会带来巨大的痛苦，其程度之深甚至超过人的机体染病所带来的痛苦，因此他们认为，在新技术允许的情况下，医学应该尽可能以根除衰老和死亡为目标。有一天，我跟我的朋友安德烈·孔特–斯蓬维尔（André Comte-Sponville）说起我想就这些主题写本书的计划，他略带讽刺和怀疑地说：“说实话，吕克，衰老和死亡可不是什么疾病呀！”没错，他说得很对，而且从达尔文主义的角度来看，生老病死对我们这些终将一死的小小凡人来说起着实实在在的作用：个体一旦完成基因的传递，在地球上就没有什么价值了。在他那本精彩的《哲学词典》中，我们在“衰老”这个词条里读到以下颇具教益的句子：

衰老过程是生命体的损耗，损耗降低了它的机能（生存、思想、行动等能力），逐渐接近死亡。在这一过程中，明显可见的不是演化而是退化，不是进步而是退步。衰老则是这一过程带来的状态，一种本质上不值得向往的状态（谁不想永远保持年轻呢？），不过，对几乎所有人来说，老总比死要好。因为死是万事皆空，老则一息尚存。

达尔文看得明，说得妙。但是，在这种前提下，既然所有人或几乎所有人都希望不要老去，既然所有人或几乎所有人都宁愿老也不愿死——这就很能说明人们对衰老和死亡的态度——何不把它们视为应该尽可能除去的疾病呢？何况，数千年来的种种神话和宗教不都殚精竭虑地让我们相信永生不死是高于其他一切的完美救赎吗？

很多生物学家会告诉你对抗衰老和死亡是虚幻的妄想，不是真科学而是科学幻想。也许在人类看来，衰老和死亡是坏事，而从自然选择的角度看，它们是必不可少的。正如前文所述，它们具有实用性：当一个活的生物完成繁殖，当一个人生育了后代并且存活了足够长的时间将后代保护、抚育到可以开始繁育其后代的年龄，这个人在地球上的使命从演化论的角度来看就算是完成了。所以从这个阶段起，人类和其他所有哺乳动物一样开始衰退并死亡，正如常言所说，以便“给新一代让路”。所以从物种的角度来说，衰老和死亡是很有用的，甚至必不可少，若是想跟大自然的逻辑对着干，到头来只会大失所望。此外，据最杰出的基因学家之一的阿克塞尔·卡恩（Axel Kahn）所说，“改善”一个活的生物的衰老或死亡，必然会有引发不平衡甚至极端灾祸的重大风险，因为生物是一个整体，改变一处通常会给另一处带来灾难。而且，那些觉得超人类主义不现实或危险的人认为，在目前的科学研究状态下，没有任何实质性的可确认的探索性进展能让人真的“停止时间”，终止衰老过程，达到如公元前18世纪的《吉尔伽美什史诗》中所写的“永无止尽的生命”。

上述这些都没错，应该纳入考量，仔细审视。但与此同时，有一些同样严肃的科学家坚持另一种不同的观点[1]。虽然“死亡的终结”尚未到来，但想显著延长生命的极限在科学上也不是完全不可想象。当然，这个领域的研究确实还未取得实质性进展[2]，仅仅是在某些菌类和人们熟知的实验室的苍蝇——果蝇身上获得了一些成果，但是相关研究已经有所进步。干细胞的运用、人机混合技术和医学的进步可能在不久的将来能让我们很好地修复受损或衰退的器官。可惜的是，大脑仍然是、并且在将来很长一段时间内还会是最难被“返老还童”的器官。不过，近五十年来科学技术的进步如此迅猛惊人，完全先验地排除这种可能性实际上也属于一种意识形态[3]——超人类主义者可以说推翻了举证责任：确实，自 1953 年华生（Watson）和克里克（Crick）揭示 DNA 结构之后，科学家们在这些领域取得了诸多重大发现，鉴于此，谁敢非常确定地说或多或少推迟死亡的到来是绝对不可能的事[4]呢？事实上谁也不知道会怎么样，但科学家在

[1] 这方面的书籍里可以用法文读到的最好的著作是洛朗·亚历山大（Laurent Alexandre）博士的《死亡之死》，他以清晰易懂、有理有据的方式总结了衰老与不死的问题，同时明确地谈及科学上和道德上的困难。我们还可以阅读盖伊·瓦兰斯（Guy vallancien）教授写的《没有医生的医疗？为病患服务的数码技术》。这本书介绍了新科技将带来的医疗界变革，引人入胜。

[2] 然而，今年早些时候，罗彻斯特大学的一个研究小组成功地延长了转基因小鼠 30% 的寿命，同时大大提高了它们的生活质量。不过我们显然不能把人类跟老鼠相提并论！

[3] Google 近期对其旗下的 Calico 公司投资了数亿美元，该公司的宗旨是“杀死死亡”。

[4] 雅克·阿塔利于 1979 年在他的《人吃人：医药的生与死》一书中提到的种种医疗革新在当时看来属于非常未来主义的科幻，而现在大多数已经成为现实。

往这个方向努力。对癌症细胞的研究也为此打开了新思路：导致人类死亡的癌症细胞是杀不死的，也许对这些细胞的研究能让我们摸清楚如何掌控时间、掌控“时间生物学”，从而有望延缓死亡——这在目前尚属假设，但是，即使对此持谨慎态度，我们不得不从现在起就认真思考人的寿命得到显著延长之后可能带来的后果。

由于寿命延长会带来一系列问题，而且 20 世纪所经历的人口寿命延长（尽管不是因为基因技术，而是因为早夭人数的减少）眼下就已经带来了各种问题，我们必须开始面对它们。就算不谈显而易见的人口问题，也还有经济问题（如果人类可以活到 200 岁，需要比现在多得多的退休养老金）和社会问题（一旦医学具有此类新能力，人与人之间可能会出现越来越大、越发令人难以接受的不平等），我们将不得不重新面对吉尔伽美什或西西弗神话里反复出现、令人纠结的问题：假如有一天人类能够像超人类主义者承诺的那样延长寿命，我们究竟想不想活上数百年？我们是不是真的希望“真正”长生不老地活在这个世界上，只有在外来因素影响下——如事故、谋杀或自杀——才会死去？我的朋友、法国大生物学家让 - 迪迪埃 · 樊尚（Jean-Didier Vincent）曾经对我说，有朝一日“我们只会像老祖母的陶瓷茶器一样死去：最后总是碰裂了或砸碎了，但（死去的）唯一原因只可能是疏忽意外”。假如可以（几乎）长生不老，我们会做什么？我们还会愿意工作、早晨起床去工厂和办公室上班吗？我们难道不会感到厌烦、怠惰？活上漫长的数个世纪之后我们还有什么可学的新东西？我们还会不会想做一番大事，继续精进自己？我们的爱情故事难道不会变得令人厌倦？我们还会想要孩子、还能生孩子吗？一本没有结尾的书、一部没有结局的电影、一段没有休止的音乐基本上没有意义。“永无止尽的生命”是否也同样如此？乌鲁克（Uruk）[1]国王在人类历史上第一本书[2]里就不惜一切代价想要得到永生。

我倾向于认为，那些热爱生活的人，以及所有害怕死亡的人，都会乐于延长自己的生命，因此，涉及寿命延长带来的种种问题，他们一定会妙招百出。在纯粹假设的前提下，超人类主义也迫使我们去思考这些问题——毕竟，这些问题很重要，哪怕是能推动我们进一步思考人类目前的生存状况也是好的。这就是为什么延缓衰老和死亡的研究计划尽管并未确定其可能性，更没有真正实现，却在北美大陆大受欢迎，而北美在这方面相对欧洲旧世界来说本就已经领先一步，虽然祸福未知。

尽管如此，这场运动也已经开始波及欧洲，而且不用怀疑，它的影响只会在下一个十年里迅速扩大。事实是，在法国，以人民优步[3]为代表的共享经济仿佛在一夕之间冒了出来。虽然 GAFA[4]（谷歌、苹果、脸书和亚马逊）还有微软、推特和领英都是美国公司，但他们在法国的受欢迎程度却不比在美国低。它们在法国的兴起相当晚，主要在 2014 年到

[1] 乌鲁克（Uruk），美索不达米亚平原西南部苏美人的一座古代城市，传说中吉尔伽美什曾在此建立苏美尔国家。

[2] 这里指《吉尔伽美什史诗》。

[3] 人民优步（UberPop），优步提供的价格低廉的共享出行服务。

[4] GAFA，指 Google（谷歌），Apple（苹果），Facebook（脸书）和 Amazon（亚马逊）。

2015年之间，但这一点意义重大，说明欧洲人已经真正意识到网络巨头公司开创的新科技为我们打开了经济领域的新视野，带来了"全球优步化"。说实话，欧洲此前竟然如此低估优步、BlaBlaCar、Airbnb、Vente-privee.com[1]等电商，低估其对日常生活乃至对就业和消费的巨大影响，着实奇怪，甚至有点令人担忧。这些电商平台依靠互联网工具、社交网络和大数据成为出租车、租车租房、酒店和百货商店等行业的竞争对手，**也就是说它们在一定程度上也是基于那些推动超人类主义运动的技术**。因为在全球化的背景下，一旦这个过程启动，优步化很快就会席卷全世界。当然，我们会在下一章里用最简单明了的方式对上述重要概念进行定义和解释，我已经多次验证了法国大众对这些概念仍然很不熟悉，包括受教育程度较高的人或政界官员（顺便提一下，这两类人有时候并不重合……）。

超人类主义运动近十年来声名鹊起，主要是由于四份重要的报告将它先后推到了美国和欧盟关于伦理、政治和科学的核心争议的中心位置，以至于这一思潮变成了——毫不夸张地讲——"不可回避的"议题。

---

[1] Vente-privee.com，法国闪购网站，售卖产品包括时装、美妆、玩具、手表、家电、体育用品、电子产品等，折扣力度大、丰富多样。

四份重要报告让超人类主义在欧洲及全球范围内赢得声誉

在我写下这几行字的时候，案头就摆着这几份报告。我认真地读了好几遍，你也很容易就从网上下载到[1]。报告一开头就显示出超人类主义革命的不同路径之间的巨大差异，有些甚至截然相反，且不说它们完全势不两立，但有时确实过分夸张，几乎令人发笑。

第一份报告出自美国，于2002年写成，2003年发表，题为《用以增强人类功能的技术的汇合：纳米技术、生物科技、信息技术及认知科学（NBIC）》。这篇报告充满了乐观和热情，引起了很大反响。报告建议大力投资超人类项目（谷歌将很快有所动作），因为会带来巨大的好处。此外，报告在结论中提出，如果不这样做，美国将会面临极大的风险，可能被不那么审慎、不那么民主的国家赶超，比如朝鲜，甚至某些政教合一的国家也可能加入这场竞赛，因其没有太多伦理上的阻碍，反而会更快获得经济上和军事上的显著优势。

随后出炉的第二份报告——《超越疗法：生物技术和追求幸福的权利》

[1] 你还可以在比利时哲学家吉尔伯特·霍托伊斯（Gilbert Hottois）的小书《超人类主义是人文主义吗？》里读到对这些报告的精彩综述。在法语世界，此书毫无疑问是关于这一问题的最佳入门读物，清晰诚实，倡导“适度的超人类主义”，值得认真阅读。

反对第一份报告的结论，拉开了“生物进步主义者”与“生物保守主义者”之争的序幕，这些争论如今愈演愈烈。这份报告写于2003年，由美国生物伦理委员会撰写，其成员由当时的总统乔治·布什任命。参与撰写的还包括两位美国思想家——迈克尔·桑德尔和弗朗西斯·福山——他们无疑是美国最敌视超人类主义的思想家。他们对这一报告产生了决定性影响（下文会进一步分析两人的主要论点）。报告极力反对“增强”人类机能的计划，不顾一切地强烈建议医学及使医学取得飞跃式突破的新技术完全停留在以治疗为唯一目的的传统框架中，完全排除任何“改良性”治疗，尤其从根本上批判利用生物技术和基因工程来“制造”“超级（优秀）儿童”、“不会老化的身体”和“充满快乐的灵魂”等普罗米修斯式计划。我们在阅读报告时注意到，至关重要的是，报告非常严肃地看待超人类计划的现实性，而不是将之视为幻想或乌托邦式理想。报告认为其实现的可能性已经很大，这也证明报告所表达的担忧并非危言耸听，如果人类机能增强计划不被视为可行的计划，这份报告的态度是令人难以理解的。

欧盟公布的第一份专门研究超人类主义的正式报告出现在2004年，由菲利普·比斯坎专员指导，标题耐人寻味——《技术汇聚——塑造欧洲社会的未来》。尽管此报告也是用英文写成的，却带有欧洲大陆的印记。正如我们可以预期的那样，这份报告附和了福山和桑德尔的生物保守主义态度，不仅拒绝超人类主义者提出的“改良性”治疗以及投入全球竞争的紧迫性，而且明确地坚持古典人文主义的传统，即欧洲启蒙时期的人文主义，主张新技术应该被用来改善社会和政治而不是生物和自然。这一报告将平均主义视为神圣不可动摇的价值，因此它极力反对人类的“基因强化”计划，认为这一致命的逻辑将导致无法忍受和不可弥补的不平等。尽管这份报告敌视超人类主义的论点，或许正是因为如此，它没有把超人类主义说成疯癫或不现实。相反，正是因为它极为严肃地对待超人类主义，所以才会拉响警报。

2009 年欧盟出了一份新的报告，态度有别于前一份，没有那么决然地反对。这份报告不是出自欧盟委员会之手，而是出自欧洲议会。报告题为《人类增强》，也是用英文写成，说明美国在这一领域和在其他领域一样一统天下，报告主体部分来自德国和荷兰的研究。正如比利时哲学家吉尔伯特·霍托伊斯指出的，尽管该报告更加谨慎和节制，但它比较接近美国的第一份报告。虽然没有洋洋洒洒的抒情或对技术的狂热，它同样主张对治疗和增强不加区别。报告认为超人类主义已经是不可避免的大势所趋，并且称“嘲笑超人类主义的做法本身是可笑的”。该报告终于试图对超人类主义计划会带来的危险（必定是不小的风险）和不可否认的益处（谁也不能轻易否定）进行更加深入的思考，我认为这是对的。因此，并不该简单地允许或禁止一切超人类主义计划，而是要开始思考界限在哪里，思考国际上应该对其实施哪些监管。正是这个思路使它成为一份重要的报告，随后欧盟各机构出台了一系列相关意见或建议。

当然，上述报告也说明，超人类主义运动引发了诸多争议，有时甚至是极大争议，这一运动中包含形形色色的倾向，牵涉到不少重要人物，从最严肃的学者到正儿八经的公司再到备受争议的雷·库兹韦尔（Ray

Kurzweil）——眼下声名大噪的奇点大学校长，奇点大学[1]位于美国硅谷，是由谷歌资助的最大的超人类主义研究中心。

我们看到，超人类主义基本上分为两个阵营，一部分人“仅仅”想改善人类，不牺牲反而加强其人性，而另一部分像库兹韦尔那样的人倡导用技术制造“后人类”来创造一个新物种，有必要的话，可以将人类与体力和智能无限优于我们的机器进行结合。对前一阵营而言，超人类主义是某种“非自然主义”的人文主义的延续（我们将在后文中看到这究竟是什么意思），从皮科·德拉·米兰多拉（Pic de la Mirandole）[2]到孔多塞（Condorcet）的人文主义发展而来，主张人的无限完善性。后一阵营则与人文主义完全决裂。

---

[1] 奇点大学（Singularity University）是由谷歌和美国国家航天航空局（NASA）联合创办的一所新型大学，研究领域为合成生物学、纳米技术和人工智能等。

[2] 皮科·德拉·米兰多拉（1463—1494），意大利文艺复兴时期哲学家，其著作《论人的尊严》被称为“文艺复兴时代的宣言”。

欧洲民主国家在很大程度上对新技术仍然一无所知、缄口不言，令人不安

说到全城与全球气候问题，各国国家元首和政府首脑可以为此频繁参与各大媒体 / 政治盛事，其实应者寥寥；而面对那些将彻底改变我们生活的新技术，各个民主国家几乎完全失语。我们（法国）的领导人以及我们（法国）的知识分子，由于哀叹国家的衰退甚至衰落，沉迷于昔日、国界、身份迷失等问题或对法兰西第三共和国辉煌的怀念，除了极少数例外，似乎都对这些新的人操纵人的技术一无所知（且不说昏昏失智），仿佛启蒙运动的伟大思想家最珍视的“敢于求知”已经成为一纸空文。然而，在目前的情况下，也许再也没有什么时候比眼下更迫切地需要理解当下以及当下正在涌动的风潮。在新形势下，“监管”这个词显得如此关键，具有决定性作用。当前的新形势也许是不可逆的，这就是我们现在所处的状态。

在这种情况下，以下两种态度都是站不住脚的（且不说荒唐）：一个是主张阻止一切，另一个是许可一切，袖手旁观，听之任之，凭着极端自由主义和技术至上的幻想，认为所有科学上有可能实现的都应该成为现实；认为所谓“人性”在宗教或世俗意义层面上神圣不可侵犯（两个层面的说法都有，下文会进一步讨论），不可触碰且不可剥夺，因而禁止一切超人类主义计划，对超人类主义或多或少带有的“优生学噩梦”卷土重来的种

种可能防患于未然。这种想法在实践中是不可能坚持的，理由很强大也很明显：没有人能与之抗衡。

想象一下，有朝一日（现在还没有成为现实，但这种假设将很快出现，且必然出现）医生都能够“在胚胎状态下”将最糟糕的疾病根除，比方说（可惜这仍然是假设）阿尔茨海默病、囊肿性纤维化和亨廷顿病[1]（且不提各种癌症）。再想象一下，如果这只能在对人类基因组进行不可逆的操作的前提下实现，谁能真的反对这么做呢？即便是出于对家人的爱，出于对我们未来孩子的幸福的考虑，出于对那些备受病痛折磨的人的同情，我们也会选择走向“进步”。当然，会有一些阻力，首先来自宗教，他们连最简单的医学辅助生殖都敌视（顺便指出，这种敌视并未能阻止任何人甚至包括部分信徒接受人工辅助生殖），但这种阻力很快就会被人们对免于痛苦、疾病和死亡的渴望一扫而光。需要用数字来说明吗？97%的孕妇在知道会生出患有唐氏综合征的孩子之后选择流产——这说明某种自由选择的优生学已经不再是禁忌（如果说优生学的确曾是禁忌）。另一方面，很明显，对一切超人类主义计划开绿灯，创造出人/机/动物混合，与当前的人类相去甚远的怪兽，这种想法也会把我们大多数人吓倒。

因此，面对超人类主义革命，广泛一点来说，面对那些使之成为可能的新技术，我反复强调，关键词就是“监管”。就像在生态、经济或金融

[1] 亨廷顿病，一种遗传性神经退行性疾病。患者会逐渐丧失说话、行动、思考和吞咽能力，最后因吞咽、呼吸困难等原因死亡。

方面一样，我们应该在这方面力求规范，设置限制，应尽可能做到明智和细致，避免站不住脚的“全盘肯定或全盘否定”的逻辑。但是，这一领域的规范难度超过任何其他领域，包括“传统的”生物伦理学领域——这也是这本书的主要目的之一，另一个主要目的就是告知，使人们了解实际情况、关键问题和超人类主义所引起的争议。因为新技术有两个特点使之能够轻松逃脱普通民主程序的监管：发展速度极快，严格讲是以指数曲线急速发展，而且非常难以理解，更难控制。首先，因为相关理论和科学知识一般超出政界人物和公众意见有限的知识水平；其次，因为其背后的经济势力和游说集团非常巨大，且不说过分庞大。

大部分新技术不仅服从著名的摩尔定律（粗浅地说，根据摩尔定律，计算机的能力自其发明以来每十八个月便增强一倍），而且无论是纳米技术、网上“大数据”的处理、生物技术、机器人技术还是人工智能，每一个学科（或者更确切地说，这些所有学科）都可能足足需要一辈子才能完全掌握。在这种情况下，您就可以明白，这些技术的汇聚，无论是在医药领域还是“共享经济”领域——我们也将花一整章的篇幅来讨论这个领域——是如何异乎寻常地难以追踪、鉴别，因此极难监管。

从生物学到经济，新技术如何彻底改变市场和医疗：“共享经济”的诞生

有人可能觉得奇怪，在这一本书里讨论两个看似很不相同的问题：一个是人类身份在生物和精神意义上的未来，另一个是新型经济，它本质上是绕过专业从业人员建立与个人之间的关系。正如我已经指出的，法国人最近才刚刚通过优步认识这种新型经济：从巴黎到圣保罗，优步，尤其是人民优步（一种在互联网出现之前完全不可想象的低价“不正规出租车”服务，以大大出乎公共权力意料的方式突然降临，对城市交通的传统商业模式造成冲击）在全世界范围内引发与传统出租车行业的冲突。而优步的例子与在不久的将来等待我们的那个世界相比简直微不足道。公共权力这种缺乏预见的表现本身也是一个迹象，一个令人略为吃惊的征兆，表明我们的领导人对超人类主义运动完全摸不着头脑。在这种情况下，他们的反应正如我们可以预期的那样过分简单化。他们以为通过禁用相关的应用程序就能立刻把火扑灭，但这就像是用滤茶器来拦截亚马孙河一样。不要被愚弄，这个禁令只是一个临时补丁、一块橡皮膏，维持不了多久，没法彻底解决问题，只能暂时起效，无法阻止以人民优步为第一波汹涌而来的海啸。世界正在“优步化”，而大部分行业和贸易部门都有可能在某一天受到来自优步一类的应用程序的竞争。许多（不是全部，我们后面会解释为

什么）领域会或多或少地受到影响，在其他很多领域，我已经提到过的很多公司（Airbnb、BlaBlaCar 等）已经发起了挑战。

但是话说回来，我们应该理解，这第二种革命，即所谓的“共享经济”，与超人类主义意识形态有着表面看不见却很深的关联。这两种革命至少有四点彼此相关，重叠度很高。首先，两者都只在具有广泛通用的技术基础设施的背景下才可能实现。当然，共享经济用不到生物外科，相反会用到大数据、物联网和人工智能，3D 打印机和机器人技术也都渗透到这两个领域，使它们变得可行。如果没有这些新的技术，超人类主义或共享经济都无法实现。

但不止于此。在哲学层面上，这两种情况都是在人的自由和人对自己命运的控制之中引入了大量的真实可控性，而这些在不久以前还属于命运的范畴。超人类主义变运气为选择（超人类主义运动的奠基之作之一就名为“变运气为选择”），把从听天由命的遗传基因随机决定变为自愿选择和积极追求的基因操纵 / 增强。在一定意义上，这对个人之间的网络共享经济来说也是一样，新的经济模式越来越倾向于——至少从使用者的角度来看——让人获得解放的使用权而不是使人受到束缚的所有权。如果我使用共享单车可以更自由，为什么要在巴黎拥有一辆自行车？如果我能自己更便捷更便宜地租用某一个人的房间，为什么还要在“专业”酒店订房？更何况这个人可能跟我情况相同，实际上是另一个我自己。如果我可以使用共享汽车或拼车，为什么还要拥有一辆价格昂贵又带来麻烦的汽车？所有这些情况都是为了把我们自己从各式各样的异化和束缚中解放出来，即摆脱大自然的原始和残酷，挣脱以传统方式组织的经济、社会和政治任意强加给我们的约束。

如此看来，难怪超人类主义和共享经济不仅在很大程度上拥有共同的哲学和技术基础，还有共同的政治基础。两者都属于某种多少带有社会民主色彩的自由主义，甚至是纯粹的、死硬的极端自由主义。它悄悄驱动着那些不顾一切想要甩掉强加给个人的传统包袱的人。举一个非常鲜明的例子，创客[1]已经越来越多，他们想要摆脱集体惯性乃至国家法律的束缚，在自由选择的社交网络和小型社区里，运用 3D 打印机和开源软件，自己制造电力、家具、家用电器等。为什么不呢？总之，他们能够制造一切必要的和足够的东西来满足自己的福利和生计。

丝毫不奇怪，超人类主义和共享经济完全符合西方民主发展的根本进程，这是一个缓慢但不可避免的演变过程，并且自 20 世纪末以来发展速度越来越快。这一进程，至少从启蒙运动开始，就是不断地将那些在由习俗、文化遗产以及历史传承构成的人类传统社会中被先验地排除在人的自

[1] 关于这一越来越重要的运动，请参阅克里斯·安德森（Chris Anderson）的《创客，新的工业革命》。另见瑞秋·波兹曼（Rachel Botsman）和卢·罗杰斯（Roo Rogers）的《我的就是你的：共享消费正在如何改变我们的生活》以及米歇尔·拉勒门（Michel Lallement）的《制造的时代》，从某些方面看来，生存主义者和钉子户（指在某保护区安营扎寨阻止搞工程建设的占领者）也属于这种超个人主义的意识形态范围，矛盾的是，他们心甘情愿地加入新型社群网络，而这些社群网络都是他们自由选择的，他们都反对集体，却愿意属于不同于传统社群的新型群体。与传统部落不一样，是现代群落。

由决策之外的东西，进一步推进到人的自由决策这一轨道上去。

这也是为什么，我们现在不禁开始对自己的身份感到昏乱无措，因为我们是什么以及我们想成为什么这一定义将越来越多地取决于我们自己，而在远古时代，我们认为这个定义取决于上帝、习俗或自然。

这是极为重要的一点，也是这本书的第三大目标，与上一本《破坏性创新》的思路直接相关，同样旨在尽可能促进人们对目前经济、科学和医疗创新的深刻而本质的理解，以及对这些新技术带来的道德、政治、精神和形而上学方面的颠覆性变化的理解。因为，我坚持认为，有了史无前例的共同技术基础设施和全球数字化的极速发展，这些初创公司才能问世。如果没有大数据，没有我们在“共享经济”一章中讨论的各种形式的互联网会聚，“第三次工业革命”简直不可想象。成千上万的类似优步的应用在世界各地如雨后春笋般出现，导致了社区网络的产生，社区网络本质上是去监管化和商业化的。

但这种新经济也会带来一系列问题。

在数字化、机器人化、自动化和世界“优步化”的同时，我们会不会经历“工作的终结”？至少领薪雇员人数会减少而社会地位不明确的个体户会增加，我们会不会经历“无就业的经济增长”甚至经济增长的终结？难道是，如未来学家杰里米·里夫金（Jeremy Rifkin）所说，资本主义的终结或“式微”自此开始，让位于“合作网络”或新型社区，使用权取代所有权（比如前文提到的共享单车模式），关心他人取代自由个人主义，共享取代自私，免费取代营利，可持续取代一次性，等等？还是相反，如我在下文中所写的，这其实是一个即将到来的极端自由主义的巨大风潮，不仅去监管化还利欲熏心，这些新应用“商品化”一切原本不是商品的东西（自己的车、公寓、衣服、服务，在家工作和各种其他东西），其高远目标不是“反资本主义”的，而是“超资本主义”的？如果不能无限期禁止这些新的个人对个人的服务出现，我们怎么能监管或对它们进行征税而不扼杀它们呢？

需要明确的是，所有这些问题都不简单，都不能匆忙处理，因为，很明显，我认为最正确的理想的监管要成为现实有一个前提条件：面对当前体现在技术领域的无控制无限制的强大意愿，民主国家不能乱了方寸，他们必须能意识到这个目前在很大程度上仍在暗中发生的急速且强大的运动。

因此有了这本小书，根本旨在完成黑格尔给哲学定下的首要任务：“理解现在存在的东西。”尽可能准确地描绘出现实，有助于把握“在思想中的时代”以准备尽可能做出正确的行动。

本书的结构

正是从这个角度出发，我安排了以下章节：

第一章专门论述超人类主义的所谓“理想型”，简单来说就是确定超人类主义的主要特点。显然，它必须尽量涵盖不同派别，甚至这一相对复杂的运动中出现的深刻分歧。这样一来，我们就会对本书的主题，尤其是古典人文主义、超人类主义和后人类主义之间的关系有清晰的认识。

第二章将尽可能详尽地列出反对和支持超人类主义运动的各大主要论点，因此，我们将讨论当前生物进步主义者和生物保守主义者之间的二律背反，并分析福山、哈贝马斯和桑德尔对此在道德层面以及哲学层面所做的批评。

在第三章中，我将分析所谓“共享经济”（称之为“共享”是既正确又错误的说法）背后隐藏的政治哲学。不仅研究它的运作模式，还分析它通过什么方式产生可观的利润，尽管它有时候看似对使用者完全免费，以及它为何根本不是资本主义终结的标志，而是要把我们引向一个放松管制和日益商品化的世界。

“结论”一章将分析乐观主义与目前知识界和政界太过盛行的悲观主义之间的二律背反，两者因为想简单地允许一切或禁止一切而妨碍了真正的监管出现。应该远离当代思想中这两个令人心痛的陷阱，恢复古典悲剧，才能更充分、更深刻地思考当前在全球肆虐的大部分冲突。也正是从这个角度出发，我提出对监管的反思。另外，附录部分简明扼要地介绍了新的会聚技术，主要是著名的 NBIC 技术，帮助读者理解超人类主义计划的技术 / 科学基础以及共享经济的极速发展。

第一章

什么是超人类主义？

论理想型

到底什么是超人类主义？

粗略地说，正如我们在介绍中说过的，超人类主义是利用科学进步——尤其是生物技术的进步——对当前人类的体能、智力、情感和道德等方方面面进行改善的浩大工程[1]。超人类主义运动的一个最本质的特征就是我们已经提到的，它打算从传统的医疗模式，即以“修复”和治疗疾病为主

[1] 这一思潮中最知名的人物，不得不提到马克斯·摩尔（Max More，英国）、尼克·博斯特伦（Nick Bostrom，瑞典人，任教于牛津大学）、朱利安·萨乌莱斯（澳大利亚）、大卫·皮尔斯（英国）、詹姆斯·休斯、理查德·道金斯、雷·库兹韦尔（美国）、吉尔伯特·霍托伊斯（比利时）、洛朗·亚历山大（法国）、但汉斯·莫拉维克（奥地利）、金埃里克·德雷克斯勒（美国人，机器人技术和纳米技术的开拓者之一）和马文·明斯基（美国人，被认为是人工智能之父）。此外，超人类主义运动得到了许多国际协会的支持，如反熵研究所、世界超人类协会、瑞典的阿列夫研究所、荷兰的转码研究所等。它还获得了从事新技术开发的公司所提供的资金，比如谷歌。关于这一思潮的历史，这个词第一次在《美丽新世界》的作者的哥哥朱利安·赫胥黎的笔下出现，我要再提一次吉尔伯特·霍托伊斯的小书，其中包含有关此主题的有价值的信息，以及尼克·博斯特伦的文章《超人类主义思想史》（发表于2005年4月的《演化与技术》杂志，可以很容易地在作者的网站上找到）。

要目的的治疗升级到“高级”模式，即改善甚至“增强”人类。目前超人类主义的主要代表之一、在牛津大学任教的瑞典科学家和哲学家尼克·博斯特伦如此写道：

终有一天，我们将得到机会增强我们的智力、体能、情感和精神，达到远远超出今天看来可能达到的程度。到那时，我们将走出人类的童年，进入后人类时代[1]。

必须承认，如果完全不加以细想，我们大多数人会有一种无意识的、因受到犹太教和基督教悠久传统的影响而预先形成的倾向，理所当然地认为自然就是它现在存在的样子，是一个永恒而不可触动的设定，因此医学的任务应该是治愈人体，而在任何情况下都不应该增强人体。也是出于这一原则，法国的法律规定只有不孕不育的夫妇才能利用医学辅助生殖，不允许同性恋或绝经后的妇女借助这一方式生子。出于同样的理由，似乎不言而喻的是，衰老和死亡不属于病理，不能从狭义的医疗方法中得到恢复。

超人类主义的看法刚好相反。

它认为上述观点是不理性的偏见。然而，超人类主义在很大程度上是以某种人文主义传统的名义来计划推翻上述观点背后的神学和自然主义立场。例如，马克斯·摩尔2003年3月在名为《反熵原则3.0：超人类主义

[1]《从未来的角度来看人的生殖性克隆》（2002年12月）。

宣言》的文章中对超人类主义的定义——这篇宣言是超人类主义运动的三大支柱之一，可以在互联网上轻松查看，有英语和法语版。（读之前要注意，“反熵”一词可能乍看起来稍显怪异，但其实，它只是一个与熵相反的概念，也就是说，反对无序和广义上的衰落。他想借此指出，超人类主义计划是基于这样一种信念：进步无止境，人类可以无限完善，这既是可能的也是可取的。）

作为人文主义者，超人类主义者倾向于理性、进步，以幸福而不是外部宗教权威为中心的价值观。超人类主义者通过结合科技手段与批判性及创造性思维来挑战人类极限，拓展人文主义。我们挑战衰老和死亡的必然性，我们力求逐步完善我们的精神和身体能力以及情感成长。我们质疑衰老和死亡的不可避免，试图逐步改善人类智力和体力。我们把人类看作智力进化发展中的一个过渡阶段，主张用科学来加速从人类阶段到超人类或后人类阶段的过渡。如物理学家弗里曼·戴森（Freeman Dyson）所说：“人类在我看来是一个华丽的开始而不是最终的定局……”我们不接受人类生存状况中不好的方面。我们挑战自然和传统对我们的可能性设下的限制……我们认为，卑微地接受“自然”的极限是荒谬的。我们相信生命会超出地球的局限——地球只是人类和超人类智慧的摇篮——进入宇宙。

在介绍“生物保守主义者”与“生物进步主义者”的二律背反的一章中我们会看到，桑德尔和福山等作者对超人类主义一棒子打死式的批判恰恰是基于对自然和传统限制的尊重——无论是宗教的还是世俗的。他们认为超人类主义是狂妄的技术激进（这一判断正确与否暂且不论）。我们还将看到哈贝马斯的批评，虽然他也敌视超人类主义，但他采取了稍稍不同于他的两位美国同事的方式。

但目前我们仅进一步深入讨论马克斯·摩尔和他的朋友们的计划。为了给读者一些资料来把握其含义，我们一起来读一读 2012 年版的《超人类主义宣言》（由世界超人类主义协会全体会议于 2002 年 3 月 4 日通过的对第一个版本的修改版），这一宣言由超人类主义运动的两大创始人尼克·博斯特伦和马克斯·摩尔执笔，可以很容易地在互联网上找到全文。同时我们可以注意到，宣言在强调人类转型之理想的同时也提到了要采取相应的防范措施：

（1）人类在未来将受到科技的深刻影响。我们正在考虑拓宽人类潜能的可能性，克服老化、认知缺陷、不自愿的痛苦和我们孤立于地球上的命运。

（2）我们认为，人类的潜力还没有根本实现。有一些可信的方案能非常神奇地改善人类的生存状况。

（3）我们认识到，人类面临严重的风险，尤其是在滥用新技术的时候。有的方案会致使我们失去大部分或全部我们珍视的东西。有些方案是激进的，有的比较有分寸。尽管一切进步都是变化，但不是所有变化都是进步。

（4）必须投入精力研究和理解这些方案。我们必须尽可能地认真讨论，以减少风险，同时促进有益的应用。我们还需要建立论坛，进行有建设性的讨论，讨论什么可以做，讨论有利于做出负责任的决策的社会组织形式。

（5）减小人类灭绝的风险，开发保护生命和健康的办法，减轻极度的痛苦、改善社会保障和增强人类智力必须被视为当务之急，并应为此慷慨资助。

（6）政治决策必须由有责任感的、联合所有人的、认真对待利益和风险的、尊重自主权和个人权利的、关注所有人的利益和尊严的道德眼光来引导。我们必须关注我们对子孙后代的道德责任。

（7）我们维护所有智能的福利，包括人类、非人类、动物、今后的人工智能、经过修改的生命形式或其他技术和科学的进步可能会产生的智能。

（8）我们提倡自由地改变和完善自己的身体、认知和情感的权利。这种自由包括选择是否要利用技术来延长寿命，是否要实行低温活体保存，是否要通过远程下载或其他方式来保存自己，以及是否要改变或改善未来。

在阅读这一典型超人类主义意识形态的“经典”宣言时，有的人会发笑，有的人会惊恐，尽管它提到要谨慎防范或通过民主讨论来做出明智选择（不仅仅是个人选择，肯定还有集体选择），读的人一点也不觉得放心。因为我们不明白（其实，这是“生物保守主义者”的主要论点之一）改变人类——哪怕只是进行部分改变——怎么可能不对人类整体产生影响。有不少人嘲讽过超人类主义运动兼具严肃性和传统科幻的异想天开——很容易找出一堆令最忠实的超人类主义支持者都目瞪口呆的言辞。有些人可能跃跃欲试，但大多数人保持谨慎。听说该计划已经在美国或中国的实验室、大学、研究中心和大型公司中进行时，我们这些欧洲国家才刚刚意识到它的存在，感觉有点措手不及。

因此，有一个问题自然立即出现在我们脑海中，而且很快被归为关键问题：如何定位超人类主义？是古典人文主义，即强调人权和民主的“启蒙思想”？还是“后人类主义”，即创造一个完全不同于今天人类的新物种？是延续还是决裂？这正是前文已经提到过的吉尔伯特·霍托伊斯在他的小书里提出的问题。这本书非常简洁，详细梳理了超人类主义可能的渊源：它的确继承了以下几种思想，有时看似与之矛盾，但从许多方面看来却是可信的：（1）某种形式的古典人文主义，从米兰多拉到孔多塞、康德、卢梭、弗朗西斯·培根、弗格森（Ferguson）和拉美特利（La Mettrie），他们都肯定人类的无限完善性，认为人并不是从最初就被固定在某个决定性的、不可触碰的本性里，不像动物那样被共同的自然本能引导；（2）超人类主义还继承了从启蒙运动和科学革命到 NBIC、机器人技术和人工智能诞生的现代时期产生的科学家和技术爱好者的乐观主义；（3）当然还传承了传统科幻，但只是将传统科幻变成科学，而不是虚构；（4）还与 20 世纪 60 年代的反文化思潮有关，包括女权主义、生态保护主义、平等主义、绝对自由主义，以及雅克·德里达（Jacques Derrida）对“阳性－逻各斯－白人中心主义”传统所持的“解构主义”，这位解构主义大师是著名的美国“政治正确”派哲学家之一。

人文主义，后人类主义，反人文主义？

有关这个问题的争论很热烈也很有趣，为了在深入争论内容之前厘清概念，我们先区分一下两种超人类主义：

其一是“生物性”超人类主义，它宣称自己继承了前文提到的人文主义传统，即在孔多塞的《人类精神进步史表纲要》（1795 年）里某些段落所体现的那种传统。与流行的看法相反，启蒙运动中的这种人文主义在很大程度上继承了卢梭提出的人可能有无限的“完善性”的概念，它不满足于社会和政治变革，还涉及自然界的进步，包括人类的进步。例如，孔多塞在他的这篇名作里写道：

> 我们对人类未来状态的希望，可以归结为这样三个重点：废除各个国家之间的不平等，同一个民族内部平等的进步以及人类真正的完善化。

而关于最后这一点，孔多塞毫不犹豫地提出以下问题，也正是超人类主义的问题：

> 人类应该改善自身吗？——无论是在科学和技术方面，以及由此而来

的必然结果，也就是在个人福祉和公共繁荣的手段方面的新发现；还是行为原则与实践道德的进步，或是智力、道德以及体质的各种能力的真正完善化（这可能是增加这些能力的强度并指导这些能力的运用的种种工具的完善化的结果，甚或是人类自然器官的完善化的结果）。在回答这三个问题时，我们将在过去的经验中、在观察科学和文明迄今为止所做出的进步之中、在分析人类精神的进程及其能力的发展之中，发现最强而有力的动机。可以相信：自然界对我们的希望并没有设下任何限度。

这再清楚不过：尽管他所处的时代科学不太发达，孔多塞梦想的确确实实就是对人类自然潜力的“增强”，而不仅仅是在社会和政治方面。超人类主义可以毫不牵强地宣称自己继承了古典人文主义的某种传统，不过是将其发扬光大和美化。

超人类主义的这一面里包含了令人担忧的系统化人机混合“控制论”计划，不仅涉及生物学，更涉及机器人技术和人工智能。这是由谷歌资助的奇点大学校长雷·库兹韦尔的提议。在我看来，严格来说，我们应该把“后人类主义”这一术语保留给这一流派，因为它确实是要创建一个新的物种，与我们完全不同，比我们聪明和强大千倍，完全是另一种人类，其记忆、情感、智力——总之与心灵生活有关的一切——都可以存储在一种新型的物理介质中，就像下载文件到U盘。库兹韦尔梦想的是一个通过植入大脑的芯片拥有电脑“接口”的人，与互联网中的所有网络连接在一起，即“后人类”。

第一种超人类主义在原则上“只是”使人更加人性化，而第二种超/后人类主义则是基于另一想法（这想法是否是妄想，就是问题的关键）：具备“高级”人工智能（这个概念请参考本书附录）的机器将很快超过生物人，因为这些机器并不满足于模仿人类的智慧，它们将具有自我意识和情绪，从而成为完全独立、几乎永生的物种。到时候人们就可以将生物体与其智力和情绪分离（如信息和硬件），并且可以将其记忆作为意识保存在机器里——这种唯物主义假说在我看来简直荒谬，却在全球范围内获得了绝大多数人工智能专家的响应。从这里我们可以看到，第二种超人类主义真的是一种后人类主义，因为它主张的不是简单地改善当前的人类，而是制造一个不同的物种，这个物种说到底与我们人类不再有太多相同之处。

第二种类型的超人类主义不把自己视为启蒙思想的继承者，而是作为唯物主义的化身与古典人文主义彻底决裂。从这种唯物主义观点看来，大脑不过是一台更精密的机器，而意识仅仅是其表层产品，是一层思想的薄膜，以为自己独立于底层机制（神经回路）而存在，但实际上它正是由底层机制所产生的。这种意识形态背后的信念是，当计算机变得完全自主，能够再生、复制、改正错误、自主学习（这已经在很大程度上成为现实，即使所谓“高级”[1]人工智能仍未出现），它就可以轻易击败世界上最好的棋手，也获得过用自然语言进行的电视比赛的冠军，如IBM的电脑“沃森”就赢得了美国著名电视节目《危险边缘》[2]的头奖，没有什么能绝对证明这台电脑将永远跟可怜的人脑有本质上的不同，我们的大脑显然已在许多领域被电脑所取代。

至少这是第二种超人类主义押下的赌注。我曾多次与这一思潮的部分代表人物面对面讨论——他们往往是才华横溢的数学家或计算机科学家，相信他们的计算机已经能在各个领域超过人类，将很快通过所谓“高级”人工智能实现自主——我可以向你保证，想要先验地反驳他们的观点非常困难（如果不说是不可能）。下一章和本书的附录还将对这个问题进行进一步探讨。

正如我们所看到的，尽管这两种思潮之间的区别在一开始看起来很明显，但还是有可能滑向另一种。第一种超人类主义可能在同一作者的笔下不知不觉就倒向了第二种。为了说明，我们可以做如下表述：超人类主义是过程，而后人类主义是目标；一个是路径或过程，另一个是结果或者终点。如果我们接受这样的描述，我们可以认为存在两

[1] 在这个问题上，我再次提及这本书的附录。借此机会指出，电脑已经通过深度学习（也就是自学习的高级形式）在 2016 年战胜了欧洲围棋冠军。

[2]《危险边缘》（*Jeopardy！*）是美国的一档电视智力竞赛节目。问题涵盖面非常广，还涉及了很多电脑不擅长的复杂思考。

种构想[1]，一开始两者肯定是不同的，但有可能在达成的时候殊途同归，一方面，大多数作者（如法国的洛朗·亚历山大和盖伊·瓦兰斯[2]，或美国的马克斯·摩尔）“仅仅”认为现在和将来技术发展会导致人类的改善/增强，从某一点开始，“增强的人”肯定会变得跟目前的人类不同，尽管如此，他仍是人或比以前更加人性化。然而，我们最终不得不问，到底从哪一点开始会进入“后人类”领域？只要第一类超人类主义者不排斥“审慎的”生物伦理学思考，思考道德和政治上不可逾越的底线，思考使用技术时应采取的防范措施，就可以说他们仍属于米兰多拉和孔多塞所创立的古典人文主义。因此，更可以称之为“超级人类主义”[3]而不是反人文主义。与古典达尔文主义的主要区别是，它不再接受自然进化，而是由自己控制与驱动——这是孔多塞式古典人文主义最终可能接受的，只要认真对待道德和谨慎问题，并且能对这些事务及时做出民主决策，就不会完全被技术革命的速度和规模甩在后面。

需要注意的是，从这个角度看，后人类主义仍然是且可能永远是一个“监管理想”，因为“人类的自然基础”和生物学逐渐向我们揭示的生命

[1] 吉尔伯特·霍托伊斯和他的同事让-诺埃尔·米沙（Jean-Noël Missa）和洛朗斯·派尔巴尔（Laurence Perbal）在他们的《超/后人类主义百科全书》中阐释得相当清楚。

[2] 见洛朗·亚历山大《死亡之死》和盖伊·瓦兰斯《没有医生的医疗？》。

[3] 我借用乔尔·德·罗斯奈（Joël de Rosnay）的这个词，他主张深化人类，而不是自念和后人类的超人类主义。

机密是一个无穷无尽的工程。第一种超人类主义不脱离生物圈、生物学技术、人类，他的增强不以破坏为目的，不以从本质上超越为目的，而是为了充实、改善，也就是说，其本质是使人更加人性化。在理想情况下，这种超人类主义梦想的是使人更合理、更友爱、更贴心，坦率地说，更可爱。因此，“后人类”会跟现在这个使世界不断陷入荒谬的战争而流血的人类既相同又不同。

从生物超人类主义到生物控制后人类主义：人类的终结？

另一种超人类主义的代表人物有，数学家和科幻作家弗诺·文奇（Vernor Vinge），今天更出名的是汉斯·莫拉维克（著有《机器人：通向非凡思维的纯粹机器》）或雷·库兹韦尔（著有《奇点迫近：当人类超越生物学限度》）。这一派观点完全超出了生物技术和人类的范畴——这就是“奇点”的概念（从数学物理借用来的），意思是，当机器人和人工智能进化到某一点，人类会完全被自主机器超越和取代，或者说，被比目前的人类高级出数千倍的总体意识和智力所超越和取代——由谷歌创建的网络已经为这一智力做好了铺垫。

这一“奇点”超人类主义与许多当代深层生态学的一些思潮相通，尤其是詹姆斯·拉夫洛克（James Lovelock）在其著作《盖亚假说：地球是生命体》中提出的概念——这个星球不仅是生物有机体的载体，其本身也是一个真正的生命体或会思想的“人”，她通过我们人类实现思考、认识自身，人类就是她的大脑、她的思维：

希腊人曾经把地球母亲命名为盖亚，这一概念是人在历史上提出的最重要的概念之一，并在此基础上产生了一种今天仍然被各大宗教推崇的信仰。自然环境信息的积累和生态科学的发展使我们提出如下假说：生物圈可能不仅仅是所有生命体的集合，生命体在天然栖息地如土、水、气中生存演变。如果说我们是盖亚的一部分，我们不禁要问：“我们的集体智慧是不是也是盖亚的一部分？作为一个物种，我们构成了盖亚的神经系统和大脑，能够自觉预期环境变化？”无论我们喜欢还是不喜欢，我们都已经开始这样运作。

正如赫西俄德的《神谱》里一样，地球被人格化，成了具有智慧和名字的神。我们人类是整个自然的一部分，我们只是分散的碎片，但日益联系紧密（特别是通过社交网络和互联网）。我们正在开发的科学和技术不应被看作与自然相对立的人造物，相反，它是自然最高级的意识，是自然赋予自身的整体智力。盖亚可能是一个实体，通过它自己的某个组成部分，即人类，发展出知识来保护自己、适应环境和维持生存：

智人的进化，伴随着技术发明和日益精妙的通信网络，已显著增强了盖亚的感知域。有了我们，盖亚现在已经觉醒并具有自我意识。通过宇航员和电视摄像机和飞船的眼睛，她看到了自己美丽脸庞的样子。毋庸置疑，它共享着我们的惊奇和快乐、我们的思考和推测能力，以及永不满足的好奇心。人与盖亚之间的这种新关系尚未完全建立，我们还不是真正的被密闭和驯服的集体物种，生物圈的一部分，我们目前只是作为生物个体存在。但人类的命运可能就是被驯服，以至于部落制和民族主义这种残暴的、破坏性的和贪婪的力量最终化为一种强烈的需求，使我们从属于所有生物一同构成的社群——盖亚。

有了谷歌建成的智能网络，万众的集体智慧集中在一起[1]，艾萨克·阿西莫夫（Isaac Asimov）[2]笔下的科幻剧情也变得有可能实现，因为智能机器必然从人类手中接管世界。在这里，后人类主义不是指改善人类，而是在智力和生物两方面大大超越人类。后人类几乎不再具有任何人性，因为它不再植根于生命，新技术的逻辑基本上就是“去物质化”。库兹韦尔和他的追随者因此假定意识存在于身体的任一生物性基底之外，可以将智力、记忆和情感存储在尚未成为现实的计算机介质中。

库兹韦尔的理论尽管很精密，却招致了许多科学家的批评。它跟第一种超人类主义完全相反，第一种超人类主义不想要任何虚构成分，而“奇点大学”的超/后人类主义不像是科学的理性主义，更像是一个梦幻般的乌托邦（且不说是疯狂的臆想）。此外，“奇点”的意识形态主要是基于哲学唯物主义，像任何唯物主义一样，它把人的意识天真地简化为大脑机制的机械反应，好像人的自由之谜可以简化为一台能够通过著名的

[1] 见尼古拉斯·科林（Nicolas Colin）和亨利·维迪尔（Henri Verdier）的《数字革命之后的经营与监管》。

[2] 艾萨克·阿西莫夫（1920—1992），美籍犹太人作家与生物化学教授，产量丰富，作品以科幻小说和科普丛书最为人称道，代表作有“基地三部曲”、“银河帝国三部曲”和“机器人系列”等。

图灵测试的机器（测试的方式是人与计算机对话，如果后者的回应是适当的、有创造性的、聪明的且感性的，人就分不清他是在和一个人还是一台机器对话）。就个人而言（我会在接下来的章节和这本书的附录中进行论证），我认为该计划在哲学上是荒谬的，但我确实一直都对唯物主义持激烈的批评态度，我与安德烈·孔特－斯蓬维尔合著的《现代人的智慧》就是明证。但我必须实话实说，哲学唯物主义的整个传统支持第二种超人类主义哲学假设，因为这一传统就是认为机器与大脑之间，物质与精神之间，只存在程度的差异而没有性质的差异——当然，这不符合唯灵人文主义的倾向，唯灵人文主义体现在宗教传统里。

例如，基督教思想家让·斯托恩（Jean Staune）在他的书《未来的钥匙》中概括了库兹韦尔和他的朋友提出的论点，他的概括在我看来非常正确。出于学识上的正直，斯托恩首先和我一样承认，支持机器能完美模仿人类精神这一假说的绝大多数是认知科学家和其他人工智能专家，而唯灵人文主义思想建立在精神－物质二元论的基础上，支持这一假说的是极少数：

他们的推理是：当然，我们现在离真正理解人类的大脑还很远，尤其是它产生意识的方式。所谓意识就是我们每个人都有的存在感以及那种必须继续活下去的感觉。但是，在理论上，这种被称为意识的存在感不应该有什么特别神秘或神奇的地方，它不过是在数百万年的进化过程中慢慢形成的，比如猿猴能认出镜子里的自己，而狗没有这个能力。有朝一日，当我们对大脑的研究足够彻底，我们终究会理解意识的运作，然后我们就可以制造出一个机器，达到跟人类一样的意识水平和进化水平。宣称人类具有所谓的特殊性而认为上述无法成为现实是一种反动的立场，其根源是宗教“反进步”信仰，这种信仰在过去几百年中在科学和社会层面遭受了种种挫败……如果有可能制造出一个跟人一模一样的机器，后果将非常惊人、可怕……[1]

确实惊人，这台机器可以 24 小时不间断地自主学习、自我复制和制造更多机器，不断完善自身，尤其是像所有达尔文主义生物一样，它首要关心的将是清除那些可能消灭它、把它断电关掉的生物，首当其冲的就是我们人类。如果这些机器能读懂地球上所有的书和所有信息，包括那些说我们可能想了结它的书和信息，这个假说就显得更可怕了！

你以为这是个笑话？

那么我们来了解一下（当然是通过谷歌），2015 年 7 月，比尔·盖茨、史蒂芬·霍金和埃隆·马斯克（Elon Musk）（不能少！）签名发起了请愿书，当时有近千名顶尖科学家支持这一请愿。请愿书的内容是：人工智能日益危险，将变得很“强大”，例如大名鼎鼎的被程序控制的“杀手机器人”，比如某些无人机，它们会不征询任何权威的意见就自行决定哪些人必须消灭，谁该死谁该活。这份请愿书最惊人的地方是，它并非出自敌视科学或新技术的名人之手，相反，它出自资深技术爱好者之手，他们当中一些人

[1] 让·斯托恩，《未来的钥匙》。

竟然被自己所从事的研究会带来的潜在后果吓坏了。引起我们警惕的还有比尔·盖茨的评论："让人恐惧的不是人工智能，相反，是人们竟然没被它吓坏！"——他认为这太令人惊愕了。埃隆·马斯克也说，人工智能是"有史以来对人类造成最大生存威胁的发明！"——这些话足以引起我们的重视，哪怕只是试图反驳一下那些想用机器人技术来超越人类的超人类主义的想法。

最后，在形形色色的超人类主义思想中都存在一种温情的组成部分，如《反熵原则 3.0：超人类主义宣言》的第七点里就出现了，超人类主义自认是后形而上学的、环保主义的、平等主义的、女权主义和反物种主义（赞成动物权利）的。这种温情完全符合"巴黎学派 68 思想"出口到美国的"解构"意识形态，"巴黎学派 68 思想"这种法式反人文主义给美国大学的政治正确提供了合法性，因为它以各种形式批判了古典人文主义。

超人类主义“理想型”纲要

如前文所述，超人类主义运动多种多样，这就是为什么提供一种类似模拟画像，或者更准确一点说，描述其“理想型”不是没有用的。“理想型”能凸显其共同特征却又不抹杀分歧。我们之前引用的一些陈述或定义已经体现出了它的一些基本原则，或者说，超人类主义的一些根本特征。

一、一种新型优生学，自认为符合伦理，想要实现“从运气到选择”的转变

“从运气到选择”看似非常自相矛盾，但是超人类主义的这个根本口号的确是出于伦理原因并使其最终走向一种新的优生学——之所以说新型，是因为它在各方面与极权主义优生学对立。极权主义优生学是灭绝式的国家行为，是纳粹，我们现在一听到优生学这个词仍然会条件反射似的这么想。超人类主义优生学与其有四点本质的区别：（1）不是国家行为，而是基于个人自由，如艾伦·布坎南（Allen Buchanan）等人的名作《从运气到选择》中所提到的：从很不公平、很随机的“自然彩票”到人的意志的自由选择。（2）没有歧视，相反，

它旨在实现条件平等，因为它想纠正盲目而冷漠的自然对人类造成的不公正。（3）因此，它是出于一种民主化的角度：在经济和社会平等之外，意图实现基因平等（布坎南的书也是这个副标题：“基因与正义”）。（4）最后，它完全是纳粹优生学的对立面，因为它根本不想消灭弱者或所谓的“怪胎”，相反，它要修复或增强人的素质，因为自然在进行分配时既吝啬又不平等。

在这样的条件下，对传统优生学的批评——超人类主义者对这些批评很了解，而且基本上都赞同——对这种新的优生学完全无效。当我们可以对胚胎细胞基因组进行修复，谁会拒绝修复携带可怕疾病的致病基因？谁会拒绝提高人体抵抗衰老的能力，增加其感知力和智力，乃至通过人机混合使人类具有卓越的技能，在人生游戏的各个领域游刃有余？如果家长出于道德或宗教的理由坚持拒绝给予自己的孩子这些科学带来的好处，会不会有一天面临被孩子指责的风险呢？下面是吉尔伯特·霍托伊斯——“人性化”超人类主义的倡导者——关于这个问题写下的重要文字：

种族主义优生学没有任何科学依据，它否认人的基本平等，不尊重父母的自主性，是一种国家优生学。今天我们要重新考虑优生学的问题，肯定个人和家长的自由、人人尊严平等，纠正自然分配造成的不平等。到目前为止，（再）分配正义仅限于要求通过补偿来平衡各种不平等：一部分不平等归因于“社会彩票”（性别、民族、种族、宗教）；其他不平等源自“自然彩票”（健康、天赋等），对于后一种我们无可奈何。到目前为止，我们仅能采取“外部”干涉，如金钱补偿、免费医疗、特殊教育等。基因学可以通过预防（消极优生学）、基因治疗或积极优生学带来越来越大的纠正自然不平等的可能性。在未来，我们将从单纯的社会资源的再分配扩展至自然资源（基因）再分配。目前所有这一切仍属于抽象思辨，但我们将越来越多地面对这样一个问题：能不能，应不应该以正义和平等之名干涉“自然彩票”？[1]

当然，超人类主义对这个问题的回答是肯定的——不是以道德的名义拒绝优生，而是将优生视为道义上的责任，当然前提是这种优生学是平均主义的、“改良性”的非国家行为，由愿意利用它的人自由决定。

所有这一切无疑仍然只是霍托伊斯所谓的“抽象思辨”。但是基因学和新技术正在突飞猛进，令人眼花缭乱，迫使我们未雨绸缪。任何对这个话题感兴趣的人，包括支持者和批评者，都要承认这一点。我不是说这些问题简单，也不是说不能质问科学的界限问题。相反，我在整本书中反复申明这些问题非常复杂，而对它们的限制和监管至关重要。但谁能说，一旦这种优生的可能性被进一步的研究打开了大门，没有人会想把它变成现实，从虚拟过渡到真实？从各种可能性来看，绝大多数家长会被它吸引，

---

[1] 吉尔伯特·霍托伊斯，《超人类主义是人文主义吗？》。

用以改善自己的后代，以防与其他人相比处于劣势——因此我们现在应该自问（在下面的章节将会进行讨论）界限在哪里：集体界限，也就是说政治界限在哪里；这不是在讨论科学技术进展本身，而是它们在伦理层面的潜在影响。

此外，一些科学家，如洛朗·亚历山大，走得比布坎南更远。事实上，如果从现代演化综论的角度来考虑，利用生物技术的基因操纵可能不再是一种选择——不仅仅是多种选择中的一个——而是一种为确保物种生存的绝对必要，因为在我们这些超级文明化和医疗保健很好的国家里自然选择已经弱化：

达尔文式物竞天择的终结是世界历史上前所未有的局面，我们缺少比较对象，无法预测将来会发生什么……人，像其他物种一样，也不能幸免于退化：人已经开始在某些方面因为不受选择压力而退化。其中一个例子：嗅觉退化。今天我们的嗅觉比狗弱一万倍。然而几百万年前，人的嗅觉不比其他哺乳动物差……在自然选择弱化的情况下，我们人的基因组退化将特别影响我们的中枢神经系统以及神经回路。这就是为什么技术医学不是一种选择，而是一种必然……风险的确在长时间内必然存在：DNA 复制不存在零缺陷，而缺陷的发生是不可预测的。[1]

[1] 洛朗·亚历山大，《死亡之死》。

如果我们希望以巧妙的方式弥补在文明社会组织下自然选择弱化所造成的负面影响，从运气（自然彩票）到选择（人的决策）的过渡将不可避免。

二、反自然主义：无限期的进步不仅是可取的，而且从现在开始还必须推动人的生物特性的进步，而不仅限于政治和社会改革

不要误会，“反自然”这个词意思模棱两可，需要在这里明确一下。这个词在这里的意思是，对超人类主义者来说，自然不是神圣的，因此没有什么不能更改、改善或增强。我们已经看到，这甚至是一种道德义务。人类基因不是不可侵犯的圣殿，只要做出的改变是在正确的方向上，符合人的自由和幸福，不仅没有理由禁止，更应该促进。不过，在另一种意义上，超人类主义显然是“自然主义”的，因为它在哲学上是唯物主义的，这就是说，与唯灵哲学或关于自由（自由意志意义上的自由）的学说不同，它认为人不是一种“超自然”的存在，不存在于自然之外，而是从头到尾都由人的生物机制决定。当我们说超人类主义运动是“反自然”的，只是说它明确的目的是通过科学技术改善人类，这一增强将超越他最初所谓的“自然”局限。出于道德上的理由，和积极优生学一样，我们需要尽可能地走向更高级的智慧、更长的寿命、更多的幸福，总之，我们必须不断突破自然局限，只要是为了人类好——因此，正如我们之前已经说过的，超人类主义可以理直气壮地宣称它继承

了米兰多拉、弗格森、卢梭和孔多塞所说的完善性的概念，也就是说，人并没有从一开始就被限定，人可以成为一切，人能够也必须塑造自己的命运。

也因为如此，超人类主义不仅反对基督教人文主义，也反对所有形式的神化自然，马克斯·摩尔在他反熵原则的超人类主义宣言中强调：

“我们比大多数古典人文主义者走得更远，我们提出对人的特性做出根本性改变”，因为，他在另一篇题为《论成为后人类》的文章里补充道，“人类不应该止步于此，人类只不过是演化之路上的一个阶段，不是自然界发展的巅峰。”

我们在《反熵原则 3.0：超人类主义宣言》中看到了同样的意思：

反熵者挑战传统说法，传统说法认为我们应该保持人的特性不变，以符合“神的意志”或者所谓“自然”。跟我们智识上的近亲——人文主义者—— 一样，我们力求在各个方向上不断进步。我们比一些人文主义者走得更远，为了追求进步，我们提出对人的特性进行一定改变。我们挑战那些阻碍我们潜在进步的生物上、遗传上和智力上的传统制约。

一般而言，超人类主义与传统形式的人文主义在四个方面发生了较彻底的决裂：（1）我们已经提到的从治疗到改良的第一步转变；（2）从“被动忍受”到“主动掌握”（“从运气到选择”）的转变，其所考虑的历史尺度不再只是社会、政治或文化层面，而是进化论层面，非常不同，这很重要；（3）在超人类主义者眼里，不存在涉及任何“人的特性”的天然权利（这一点遭到了以福山和桑德尔为代表的传统主义者的批评）；（4）很明显，改善人类的目标不仅是社会、政治和文化层面上的，甚至也不只是外部特性上的，还包括我们的“内部”生物数据。

正如上文所述，它确实与米兰多拉或孔多塞的反自然人文主义一脉相承，也从未否认。

三、追求“永生”，从吉尔伽美什到我们：通过科学在尘世中获得不朽

对抗衰老和死亡显然是超人类主义计划的一部分，这将神话与宗教里的不死欲望转向科学。一些作者主动提到了《吉尔伽美什史诗》，这篇古老的文字还不为西方大众所熟知，却在其他文明中占据绝对经典的地位。这是一部伟大的作品，人类历史上第一部小说，原始片段写于公元前18世纪——比荷马的《奥德赛》早一千年，比《圣经》的写作早一千一百或一千三百年——以苏美尔语写成，以楔形文字的形式刻在泥板上。这些泥板在19世纪被发现和破译。跟《奥德赛》一样，《吉尔伽美什史诗》也是一个哲学故事，它讲述了伟大的国王乌鲁克几乎在陷入疯狂爱恋的同时

遭遇了心上人死去的痛苦。这个故事主要关于友情甚至爱情，而我们在浪漫主义文学之外很少读到这种故事。经历了爱与被爱的幸福之后，不幸的国王目睹他的朋友、知己恩奇都（Enkidu）死去，从此反思起了生命的意义。一开始，他的思考主要围绕宗教。他开始拼命寻求长生不老，解决人死不能复生之苦。他听说一个名叫乌特纳比西丁（Vtanapisti）的男人逃过了大洪水，被神赐予了不死的生命。他去寻找这个人，试图打听出他不死的奥秘。但很快他意识到这是徒劳的，凡人永远无法获得不朽。然后，他便从一个类似宗教性的问题（追求长生不老）转向了一个世俗性的哲学问题（如何接受死亡而不放弃对美好生活的追求）。

不过，超人类主义者也更多地引用另一则新的寓言：尼克·博斯特伦写的《残暴的恶龙寓言故事》，这是一个哲理小故事，也很容易在网上找到。

它讲的是什么呢？

这则寓言以经典童话故事（开头是“很久很久以前”）的风格，讲述了一个恶龙的故事。人们需要每天给恶龙提供一万个不幸的凡人当贡品。有些人被当场吃了，其他人则等待着可怖的结局，有时要在肮脏的、充满痛苦和折磨（象征死亡之前的衰老和疾病）的监狱里待上几个月。但痛苦的不仅仅是这些受害者：

恶龙施加给人们的巨大苦难无从计算。除了每天被残暴处死的一万人，还有许许多多死者身后留下的母亲和父亲、丈夫和妻子、孩子和朋友为失去自己亲爱的人而悲伤哭泣。

我们很快就领悟到，恶龙显然正是死亡本身。博斯特伦喜欢描述人类面对死亡时态度的转变过程：面对无法避免的命运，人们一开始忍气吞声、逆来顺受，然后与敌人协作，最后奋起反抗，获得所谓的胜利。但这其实是一种虚构和虚幻的胜利，也就是宗教给我们的安慰，向我们保证"死亡的终结"，承诺给我们永恒的生命，与亲人团聚，但不是现在，是在离开这个尘世之后，在极乐世界里——这一段至关重要，表明了超人类主义和各种一神教相对立的地方，一神教一直反对以任何形式操纵生物（包括普通的医疗辅助生育，教会一贯谴责它并将之定为不可饶恕的大罪，可以参阅梵蒂冈官方教义手册）。但很显然，如果科学真有一天能克服死亡，不仅是在假想中和死后的世界里，而且是在此时此刻，在这个地球上而不是在天上，那将对宗教救赎的教义造成可怕的打击。

这则寓言恰恰是在宣布最后这一阶段的到来，这一次，在人类历史上，科学和技术的进步让我们这些不幸的凡人有可能战胜恶龙——传统哲学家和神学家使尽浑身解数想要挫败这一革命性计划，声称改变人的本性这座他们眼中的"圣殿"将造成亵渎（我意译一下博斯特伦的寓言的结尾）：

关于衰老的故事历来强调需要以谦卑和感恩的心态来忍受和习惯衰老。面对活力下降和即将降临的死亡，推荐的解决办法是忍受并尽力在自己离开前安排好自己的事务、与亲人的关系等等。在以前的时代，人们确实不能做什么来预防或延缓衰老，那时这种观点是有道理的，因为与其纠结于不可避免的事情而痛苦，不如寻求心安。但是，今天的情况不同了。虽然我们仍然缺乏延缓衰老的有效且可接受的办法，但是我们能够确定研究的方向，并可能在可预见的未来找出某种办法。那些建议我们被动接受的要命的故事和意识形态已经无法带来无害的安慰。它们已成为致命的障碍，阻挡了采取行动的迫切需要！

而事实上，尽管看起来奇怪，许多研究人员现在认为，这个人类从一开始就十分关切的死亡问题，不再属于神话、宗教或哲学领域，而属于医学和生物学，尤其是著名的 NBIC 技术。据他们说，很可能有一天，甚至可能就在下个世纪，永生不死会从诸神的天空降临到凡人的地球上。洛朗·亚历山大在他出色的作品《死亡之死》中谈的就是这个观点，书名就明确地点题。这本书很重要，它尽量不借用科幻小说而是只谈及已经进入公共领域的科学事实，但我们在此不深入讨论书的细节。故事发展到最后是：虽然大众对新技术的现状还几乎一无所知，但是依靠新技术的汇聚，攻克死亡也许会成为可能。显然，我们离这一步仍然很远。此外，目前尚无可验证的实验证明这种可能性，同样，即使到那时我们能控制身体的老化，人仍然有可能死于意外、自杀或袭击。但死亡不再是出于内部原因，而只可能出于外部原因或疏忽大意，这是已经在实验室里进行的六大革新让我们想象出来的未来的状况。

革新之一是基因组学，DNA 测序的惊人突破让我们得到了基因疗法。2000 年进行的第一次人类基因组测序耗资 30 亿美元，今天这一费用下降至 3000 美元，而且在几年之内会变得非常低廉。大多数遗传性疾病可以很快被检测出来，使一部分人可以预防甚至在某一天通过基因修复手术修复基因缺陷。基因修复手术也在最近几年迅猛发展。其次是纳米技术，这一技术日后会为医疗提供帮助，制造出比头发直径还小几千分之一的纳米机器，放置在我们的身体里，以此来诊断和修复我们的缺陷。第三大革新是大数据，强大的超级计算机将有能力比较数以万计的人体细胞，为针对每一种疾病和每名患者的个性化治疗铺平道路。第四种革新即机器人技术，在其他技术的帮助下人与机器混合的可能性将大大增加。第五，干细胞的研究也将为康复医学铺平道路。第六大革新是人工智能，人工智能的进步将不可避免地带来“增强人”的出现。因此，跟大多数人以为的不一样，死亡可能不再是必然的。我们经常听到有人说，“唯一可以确定的一件事是，我们有朝一日都会死”，但是老实说这句话只是陈词滥调，从来没有人能够绝对证明。

诚然，和进化中的所有生物选择过程一样，死亡有它的用处和功能——世代的更替能使大自然一次次重新掷出遗传概率的骰子，从达尔文的观点来看，这有利于出现有用的突变，创造出“成功的怪物”。尽管如此，即使终结死亡的计划遇到的阻碍似乎依然很大，也没什么能够先验地阻止我们认为，出于控制世界和控制自己的欲望，人有一天可能窃取主宰死亡的过分权力。

这至少是超人类主义心怀的希望，也是洛朗·亚历山大书中的总结：

> 几十年后，纳米技术将使我们能够一个分子一个分子地建造和修复我们能想象到的一切，不仅是日常物品，还有活的组织和器官。随着纳米技术和生物学的同时进步，人体的每一个部分将能像零配件一样部分或全部被修复……NBIC 的四个组成部分相互滋养促进，生物学，特别是基因学，可以借助计算机越发强大的计算能力和不可或缺的纳米技术来破解和修改 DNA 分子。纳米技术依赖信息技术和认知科学的进步，而认知科学本身也是建立在其他技术的基础之上。事实上，认知科学会利用遗传学、生物技术和纳米技术来理解和“增强”大脑，以此来打造越来越精密、可能直接与人类大脑相连接的人工智能……数百万这样的纳米机器人在被植入我们的身体之后，会实时通知我们身体出现的问题，还能做出诊断和干预。它们在我们体内游走，清洁动脉，排出细胞废物。这些可编程医疗机器人将破坏病毒和癌细胞。

而且这一切会发展得比我们以前预想的更快。“人活一万年”是在下个世纪还是下下个世纪成为现实并不重要。原则上，这并不改变什么。超人类主义真正重要的推论是，这些变革正在进行中，问题是要弄清楚它们是否合理，是不是应该对它们进行资助，该不该鼓励或阻止。

正如我在导言中所说，众所周知，对“死亡之死”的可能性存在许多科学上的反对意见，尤其是从达尔文主义的观点来看，死亡具有重要效用。

另外，因为生物体是一个无限复杂的整体，因此修复孤立的部分可能导致有害的且不能确定可控的连锁反应。更何况，人类的大脑太复杂，不知能怎样延缓随着年龄增长不可避免发生的大脑衰退。这些意见都没错，但是在原则上，至少超人类主义者坚信，没有任何“合理的”理由可以先验地给科学研究定下绝对的边界。如果从生物学近期的发展情况来看，没人能肯定地说有关衰老的研究不会在未来数十年或数百年取得同样惊人的进展。可以肯定的是，至少我们眼前已经展开一条路，而要堵住这条路绝非易事。

当然，这样的可能性已经引发了不计其数的敌对反应，首先来自宗教，因为宗教有可能因此失去其主要的存在理由，同时还有来自许多其他层面的反对，包括人口、经济、生态、形而上学、伦理学、政治学等，我们将在下一章中讨论。尽管如此，恶龙始终不被普通人青睐，很可能有一天当我们能击败，甚至只是能够削弱恶龙的时候，很多人会对这样一个大型而乐观的计划感兴趣。

四、一个始终如一的科技乐观主义：“解决方案主义”的理想

超人类主义反对导致“生物保守主义”的一切形式的悲观主义和哀叹衰退、宣扬回归黄金时代的意识形态，因此展现出了能与启蒙运动哲学家和学者相媲美的进步精神。在题为《人类基因增强：一个超人类主义观点》的文章中，尼克·博斯特伦说：

人类繁殖工程无疑将带来一定的出乎意料或无法预料的负面后果。然而，我们显然不能仅仅因为存在一些负面影响而放弃。所有的重要技术都隐含一定的负面影响，一些不利的影响。但是，如果我们选择维持现状，还是会有负面影响。只有正确比较成本和潜在效益才有助于实现基于成本－效益分析的正确决定。

启蒙运动时期的人文主义已经看重挣脱自然的束缚，那为何就此停步？为什么不走到底？在道德上还有什么能比达尔文的选择论更糟？淘汰异常与纳粹淘汰弱者的罪行有何区别？此外，我们已经知道，达尔文的选择论在现代西方文明中趋于没落，这意味着，如果人类想避免不可逆转的退化，必将要贯彻掌控自身遗传物质的计划。

所以毫不奇怪，新技术爱好者们，尤其是那些代表人物，如跨国公司的大老板们，认同这一倡导进步的乐观主义。

例如，谷歌首席执行官埃里克·施密特（Eric Schmidt）于2011年在麻省理工学院做了一个演讲，摘录如下：

当我们提到技术，已经不仅仅是指软件或材料，而是指利用这些手段收集来的数量巨大的数据，它们让世界变得更好。

一年后在另一个会议的演讲中，施密特更进一步地说：

“如果我们做得好的话，”他说，“我认为我们可以解决这个世界上的所有问题。”

Facebook 的创始人马克·扎克伯格也有类似反思：

世界面临着许多重大挑战，我们作为一个公司正在尝试建立一个基础设施，并凭借它来解决其中一部分问题。

这种信念——必须承认，有时也挺可笑的——我们将在下一章再讨论。认为科学和技术的进步能够“解决世界上所有问题”的这种信念在硅谷非常盛行，甚至最终有了一个名字，就好像它是一个真正的哲学学说一样。技术爱好者认为进步会带来各种益处的这种不可动摇的信念，现在被称为“解决方案主义”。这种新的乐观主义声称能为哪些问题提供解决方案呢？事实上，施密特说，他认为几乎所有困扰地球的问题都可以找到出路，只要人们愿意对新技术投入更多：通过自动驾驶——比如著名的“谷歌车”——可以消除道路交通事故，通过利用大数据进行的个性化医疗可以根除癌症，还有肥胖、失眠、流行病、人道主义灾难、飞机坠毁、犯罪、恐怖主义、全球气候变暖、污染、饥饿、老人或残疾人的家庭护理、衰老以及死亡（为什么不行？）等问题都可以得到解决。新技术有潜力解决一切问题，超人类主义者以及那些打算出钱资助超人类主义计划的人都如此乐观，有时乐观得像是失去了理智。该计划的支持者把它说得天花乱坠，然后费尽心思让人们忘记这背后存在的经济利益（且不说他们唯利是图）。新技术的商业潜力无比巨大，扎克伯格老是说：“我们每天早上并不是被赚钱这件事唤醒……”——但我们必须说，扎克伯格已经有那么多钱，赚钱这种事怎么能唤醒他……

五、唯物论、决定论和无神论的理性

因此，超人类主义符合这种乐观主义。绝对的理性主义，往往是一种决定论和无神论的世界观，继承了启蒙运动的批判精神，批判盲目的信仰、威权主义和与各种形式的传统主义及权威的论点相关的学说。“既不信神，也不信主宰”，这可能是他的座右铭。在日常语言中，“唯物主义”备受批评，一般指缺乏高度和理想的世界观，鼓吹庸俗，只对金钱和低级趣味感兴趣。

哲学意义上，唯物主义其实与这一切无关。

它指的是一种思想态度，一种知性立场，即认为精神生活是由比精神更深层，也就是说更“物质”的现实产生和决定的，这个现实基本上就是自然和历史以及我们存在的生物维度，还有与社会和家庭环境相关的社会学数据。简而言之，唯物主义认为，我们所有的想法，比如宗教或政治信仰，还有道德价值观、审美判断和文化选择，都不是我们自由决定和接受的，它们实际上是由更深层次的现实所产生的无意识的产物。这些更深层次的现实在我们不知情的情况下决定了我们，而我们的社会环境和神经机制的反应对它们有着非常重大的影响。换句话说，唯物主义者认为，思想并不是真正自主的，我们的思想不可能“超越”我们的生物学和历史环境，自主只是一个假象。即使唯物主义考虑到了思想产生过程中的各种复杂因素，它还有两个甩不掉的基本特征：简单化和决定论。

再进一步看看。

任何唯物主义其实在某一点上都是简单化的，因为它把人体验到的我们称之为“崇高”的思想简化为物质现实的产物，而这些物质现实往往微不足道。例如，一个唯物主义生物学家会乐于寻求“道德的自然基础”（借用让－皮埃尔·尚热（Jean-Pierre Changeux）最喜欢的表达），因此他往往会把崇高简化为微小，把有意识简化为无意识，把可以说出口的简化为难以启齿的，总之，就是把精神简化为物质——所以“唯物主义”这个词很准确。换言之，在真正的唯物主义者眼里，不存在任何超越于物质之上的东西，不存在“绝对”，只存在“相对”。从词源的角度来说，“绝对”意味着分离，脱离一切，超越一切物质。对唯物主义者来说，这种想法本身是一个谎言，充其量是一种错觉，因为一切都是相对于一个“物质现实”存在的，我们所有的想法、所有的价值都不是来自我们所谓自由、自主的思考，它们来自我们的生物特性和历史、我们的身体和社会环境。

正如当今最出色的唯物主义哲学家之一安德烈·孔特－斯蓬维尔在《哲学辞典》中以他一贯的诚实态度和清晰文笔写道：

如果简化主义……意味着否定所有人类现象的绝对自主，唯物主义不可能不同意这一点，否则就不再是唯物主义。

确实如此。

出于同样的理由，任何唯物主义也是决定论，因为在某种意义上，它认为唯物主义揭示了以下真理：我们以为我们可以自由支配自己的理念和价值观，仿佛我们是自己思想的创造者，但其实它们是依照无意识机制被强加的，而唯物主义哲学的工作就是揭示这种无意识机制。因此唯物主义首先拒绝自由意志的概念——我们可以从多个选择中自主选择其一，因此我们对自己的行为负有责任。对唯物主义来说，我们是完完全全被我们的生物特性和社会环境这两大决定性因素决定的。

对此，安德烈·孔特-斯蓬维尔在评论斯宾诺莎（Spinoza）的《伦理学》时也解释得非常好。他认为斯宾诺莎是现代唯物主义的奠基人，我深以为然：

人不是帝国中的帝国：它只是自然的一部分，遵循自然的秩序。……谁会在道义上谴责一次日食或地震？那又为什么要更多地谴责谋杀或战争？因为人有责任？假如说他们是谋杀或战争的起因，但他们又是由于别人的缘故而成为谋杀和战争的起因，这样一来没有穷尽。自然中不存在什么偶然，因此意志里也不存在什么自由：人相信自己有自由意志只是因为他们不知道自己意志的起因。……因此，相信人有自由意志是一种错觉，这就是为什么所有的道德（如果道德是指让人有权绝对指责或赞扬一个人的东西）也是虚幻的。

不过，相对于斯宾诺莎的唯物主义，当代唯物主义的新颖之处在于，在超人类主义运动占据主导地位的当代唯物主义更多地来源于科学。从这个角度来看，当今世界有两大唯物主义：一是历史社会唯物主义，根植于人文，认为我们是被我们所接受的教育和所处的历史背景及社会环境决定的；另一个是自然唯物主义，自认为可以比前者走得更远，或者至少对前者是有益的补充。它声称，归根结底，我们的基因密码决定我们的本质。第二种唯物主义并不抛弃第一种，因此它也可能认为环境和教育相当重要。简单地说，它倾向于认为，环境和教育的重要性，即使非常关键，仍然或多或少低于我们的生物现实的重要性。这也是为什么，这两大唯物主义根本不相互排斥，而往往相伴相随（虽然时有发生孰重孰轻之争），两者的结论是，人并不“拥有”一段历史和一个身体，他只是这段历史和这个身体，仅此而已。

正是这个唯物主义信念让第二种超人类主义者认为，大脑就跟任何机器一样，只是相对复杂一点，有一天电脑会像我们一样思考，能够模仿甚至感受到一样的感情和情绪，还具有比我们强大数千倍的计算能力，而且几乎能永远经受住岁月的摧残。

六、游走于新自由主义和社会民主主义之间的效益主义兼自由主义伦理

超人类主义和20世纪60年代的自由主义反抗确有渊源，也难怪超人类主义运动认为应该“禁止禁止”，要求任何人都有绝对权利进行自由选择和实现“从运气到选择”的过渡。要求自由的权力，这与前文所述的唯物主义和决定论完全相左。至少在支持自由意志者眼中，这是矛盾的。但是，唯物主义实际上一直容纳这样的矛盾。斯宾诺莎说过，人不得不在日常生活中使用有关自由意志的词汇，没办法不用，因为这种错觉是人类境况里固有的一部分。只是不要上当，要知道这是一种错觉，知道我们的决定并非自由选择，而只是根植于物质的意志。

但让我们把这个形而上的争论放在一边，探讨一下超人类主义始终宣扬的自由主义/绝对自由主义理想的政治内涵，如马克斯·摩尔在《反熵原则3.0：超人类主义宣言》里强调的：

个人自主权和责任与自体实验相辅而行。“反熵者”愿意对自己自由决定的后果负责任……实验和自我改造并非没有风险，但我们希望可以自己自由地评估这些潜在的风险和收益，做出我们自己的判断，并对这些风险的后果承担责任。我们坚决反对将关于自体实验的安全或实行的个人选

择强加于他人。

这种说法属于典型的20世纪60年代的革命个人主义，对集体思想和行为不屑一顾，并拒绝考虑如下事实：很明显，彻底改变一部分人口的遗传基因不可能不对其他人产生影响。话虽如此，自由主义在其存在过的西方的每一个角落都留下了两个或多或少合法的后代：一个是极端自由主义，另一个是平均主义的社会民主主义。吉尔伯特·霍托伊斯很准确地在下面这段浅显易懂的话中描述了这第二个后代：

超人类主义风潮一直与自由主义、新自由主义乃至绝对自由主义的个人主义密切相关。这一思潮常常表示不问政治，事实上它接近美国大型跨国公司中流行的未来主义的技术资本主义……与此同时，对社会问题敏感的超人类主义者并不主张忽视贫困、不公正、不平等和环境等社会大问题……我们必须在两条战线上作战：传统人文主义和超人类主义。超人类主义的一个梦想是调和个人主义和社会主义：个人自由选择的改善（当然包括情感和道德上的改善）将逐渐引向社会和人类的整体改善。根据这种观点，超人类主义并不可怕，反而是可取的。在技术官僚倾向的非政治化、自由主义和新自由主义，绝对自由主义和社会民主主义之间，超人类主义的政治定位仍然多元甚至矛盾，尽管全球超人类主义协会在努力统一。[1]

[1] 吉尔伯特·霍托伊斯，《超人类主义是人文主义吗？》。

事实是，超人类主义这种看似矛盾的政治意识形态，如果像我所建议的那样把它与巴黎 1968 年运动放在一起看就可以得到很好的解释。话虽这么说，关键可能不在于此：如果说对个人自由的要求是超人类主义的驱动力和首要诉求，它的最终目标显然是功利主义的。从哲学的层面来说：它放在第一位的是与各种形式的痛苦做斗争，要为人类带来最大可能的幸福——这也解释了这一运动为何越来越成功。谁可能反对幸福和铲除苦难呢？除非是魔鬼本人。

其实，功利主义是自 18 世纪以来在盎格鲁 - 撒克逊世界占主导地位的道德哲学，其主要理论是所谓的幸福主义：在这样的世界观里，人类首先被定义为把幸福作为利益的生物。“利益”这个词在这里是关键。因为对功利主义者来说，我们基本的定义是“具有利益的人”。虽然人乍看起来形形色色，最终却都回到一个原则：在一生中的任何时候，人类瞄准的目标都是幸福，基本上都趋向于快乐和舒适，且想尽一切办法逃避或避免疼痛和痛苦。换句话说（这是共和党道德与康德伦理学和基督教传统的根本分歧点），人类没有——从来没有——无关利益的行动。对幸福的永恒追求当然可能比预期更为复杂，而且存在高级、知性的快乐和欲望，以及庸俗、低级的物质快乐和欲望。但是，在这两种情况下，在功利主义者看来，我们的行动都一样被利益的逻辑主导，且利益的逻辑既可以是有意识的，也可以是无意识的。某些行动看似是无私的或利他的，例如，一个人牺牲自己的生命去救别人，实际上是由某种暗藏的利益悄悄地或不自觉地决定的。在任何情况下，无私都只是一种表现、一种错觉。看似无私的人，那些为别人牺牲自己的时间甚至生命的人，只是反映了一件事，即他们的利益在于别人的幸福，使其最终为了追求这一利益而牺牲自己。

话虽这么说，但不要误解，功利主义不是只重视个人利益的满足，与欧洲大陆的人通常的看法相反，功利主义并不一定是自私的学说。其实，它的基本主张如下：一个行为是好的，不是因为它只能满足我个人的利益，而是它往往能够在最大程度上实现最多数量的幸福。换言之，当一个行为能够使世界上幸福或福祉的总量增加，它就是正确的；当一个行为导致幸福的总量减少，使为此行为而痛苦的人的数量最多，它就是错误的。在功利主义者眼里，重要的是关注整体利益，而不仅仅是孤立的个体的利益，因此，他们考虑的是幸福或痛苦的总量，而不是只有个人利益的满足。这一思想可谓普世主义——考虑到公共利益和整体利益。换句话说，功利主义不是个人主义。

因此，如超人类主义宣言所写，所有可能经历痛苦或快乐的生物，包括动物，有一天也许还包括智能机器，都应该被纳入超人类主义道德的考量，因为超人类主义至少在这方面是深受平均主义影响的。

七、一种“解构主义”、平均主义、反物种主义和生态主义的意识形态

与功利主义直接相关的民主理想基于如下信念：古代社会由于种族、性别和物种歧视（歧视动物，认为只有人类才具有权利）或贵族歧视而忽

视了一种生物的存在，但民主运动至少在近两个世纪里始终致力于扭转这种灾难性的逻辑：在很晚才承认黑人和奴隶这些“野蛮人”的权利之后，我们承认了妇女、儿童、疯子的权利，现在轮到动物进入法律保护的领域。霍托伊斯正确地指出，超人类主义极度反对传统形而上学的人类中心主义的偏见：

作为后人类主义者，就是要谴责这些幻想及其后果：物种主义的人类中心主义将其他生物与人类截然分开，压迫或毁灭它们；这是一种虚构，其主体无视所有限制其自由和洞察力的决定论（无意识、经济、文化、思想、社会……）。传统与现代人文主义是种族中心主义、性别歧视、殖民主义和帝国主义的西方的发明……它主要关注西方白人男性形象。[1]

超人类主义要摒弃传统人文主义的一部分，只保留其“积极”的遗产，笼统地说，包括理性主义、批判性思维、平均主义、自由和人权，并以“后人类人文主义”之名拒绝其余一切。

八、主张以慎重、民主和道德的原则进行讨论

最后，许多超人类主义者都显然意识到他们的计划所带来的科学上

[1] 吉尔伯特·霍托伊斯，《超人类主义是人文主义吗？》。

的风险和伦理问题。他们一般对批评者的批判烂熟于心，不断努力据理力争提供答案（我们将在下一章讨论这些争论）。但是，现在我们应该注意到，他们在选择了绝对自由主义、社会民主主义立场的同时，至少在原则上，依然接受持续的开放性讨论，且大多数时候真诚而强烈地呼吁民主对话，尝试找出风险最小也最合理的解决方案。一般来说，超人类主义者都热爱说理，不逃避矛盾而是寻求矛盾，因为他们相信，要解决基因操纵这类困难的议题所引发的不可避免的纠纷，不是靠教条，更不是靠暴力，而是靠理性。

同样，洛朗·亚历山大虽然是个狂热的超人类主义者，他也提到风险考量和治疗模式过渡到“改良”模式过程中的伦理问题都不应该被忽视：

我们的基因组是脆弱的，它靠几十个非常精妙的机制来运行，其中哪怕出现一个小小的变化都可能造成灾难性的后果……在我们刚刚走过的上个世纪里，基因学被利用来证明种族主义、大屠杀，甚至各种保守的和殖民思想的合理性。奥斯威辛集中营就是建立在种族理论的基础上，从误入歧途的基因学获取灵感……生物学必须非常谨慎，永远不要忘记，它曾被利用来实施最疯狂的种族灭绝行为。[1]

[1] 洛朗·亚历山大，《死亡之死》。

因此，应该在两个层面上保持谨慎：首先在科学层面上，绝对不能随便以人为对象任意做任何实验，在尝试对我们的基因进行实验时，也许因为人体的无限复杂性，会有意想不到的灾难性的后果。同时在道德层面上，我们必须质疑、必须权衡生殖细胞实验的优点和缺点，这种实验可能非常可怕，因为是不可逆的。

我们现在必须直面的正是这些问题。

第二章

生物技术的二律背反

“生物保守主义者”vs“生物进步主义者”

事实上，针对超人类主义计划的最严肃的反对意见不一定是最复杂的，更多的是常识或证据方面的，比如我们立即想到：生殖遗传操纵具有遗传性和不可逆性，这样做难道不会带来医学和科学上的巨大风险？难道我们可以确定这个改善人类的计划真的能往好的方向走而不是走向最糟的恐怖结局？

对此，超人类主义者总是回答说，如果科研不受阻碍，而是被鼓励和资助，谁也不能先验地声称永远没有可能祛除与衰老相关的各种病理。其理由总是一样的：鉴于基因学和新技术在最近几年取得的进展，关闭革命的大门是荒谬和不负责任的，科学很有可能实现根治衰老和无法治愈的遗传疾病，甚至改善整个人类，这是为了全人类的福利，只要谨慎，万事大吉。但太阳底下没有新鲜事，一直以来，科研的进步都是强调大胆冒险，而不是实施预防。此外，如果我们始终遵循这一该死的原则，今天市场上连阿司匹林都不会有！重要的是合理和理性地从伦理和医疗层面上管控实验，而不是禁止实验。我们也可以很容易地换个角度来看，博斯特伦在恶龙小寓言的结尾写道：今天真正的风险是完全不冒险！对于那些我们并不一定关心的道德顾虑也是一样，因为一旦真的出现改善人的境况的可能性，阻碍这种可能性才是错误的举措。只需这样想一想便可以想通：父母如何向孩子解释，他们被剥夺了享受科学带来的好处的权利，就因为某个不合理的伦理或宗教原因禁止他们的父母这样做?

除了这些有关事实和常识的问题，除了超人类主义者试图提供的回答，我们还必须牢记，如果我们要思考这些问题的答案，不是全盘否定或肯定，而是从监管的角度来看，我们要思考的是涉及原则的终极问题——超人类主义的主要优点之一正是迫使我们思考这些问题。本章将揭示、深入分析和评估这些问题的相关性。

为了引入这些问题，我们来看看已成为经典的艾伦·布坎南的《超越人类？》。我在此翻译了开头的一段话。布坎南在这里试图用简短的几句话概括反对超人类主义的哲学、神学和道德上的批评（主要是我们已经提到的两个美国哲学家桑德尔和福山）和他对这些批评的主要回应。这可以让读者正确地理解什么是“生物保守主义者”和“生物进步主义者”的“二律背反”。

正题首先是由“生物保守主义者”提出的，布坎南概括了这一派最有力的论点：

第一次，人类生物学乃至人类基因组可以通过人的行为来塑造。但是人体是一个均衡的整体，已被精细地调节好，是苛刻复杂的进化过程的产物。所以随意破坏大自然的智慧、伟大的进化工程师的杰作，以求好上加好是毫无道理的。当然，目前的状况是不完美，但它显然是令人满意的。因此，仅仅为了增强而冒这样的风险是错误的。那些想在生物医学层面上增强的人实际上想追求尽善尽美。他们被自己的欲望冲昏了头脑，凭着这种态度完全无法正确欣赏我们已得到的一切，感激我们已经拥有的一切。

这短短几句话很好地总结了保守或传统主义的道德家、神学家对超人类主义计划的主要批评。在反题支持者眼里，问题在于正题包含的所有断言都是“大错特错”，正如布坎南所说和他们所认为的一样，不值得稍微有点理性的人采纳。

以下是他的反题，也是他的书重点阐述的主题：

从这个地球上出现人类开始，人类行为不断改变和塑造了人类生物学和人类基因组：从土地革命到城市、政治体制和先进交通技术的出现，人的能力发生了一系列的改善，引发了自然选择，并将原本孤立的基因组混杂组合。人体根本不是一个“均衡的整体，已被精细地调节好”，因为进化不会创造出和谐“完整”的生命体。相反，它产生的是变化多端、过渡性的尝试、针对某一暂时的“设计”缺陷而拼凑出的解决方案，根本不在意人类的福祉。大自然不是明智的（也不是不明智的），进化根本谈不上是什么伟大工程师的手笔，反而类似一个蹩脚的修补匠干的活儿，他非常躁动和盲目，对道德完全不在意。千百万人的境况一点也不令人满意，为了改善他们的生活，甚至为了维护我们当中比较走运的那一部分人的福利，可能有必要进行生物医学上的改进。为了解决我们自己制造的各种问题，比如环境污染、人口过剩、全球变暖的问题，人类应该提高知识能力甚至道德。寻求生物医学上的改善并不是追求完美，仅仅只是改进。渴望改善人的某些能力以提高人类福祉，或保护那些我们已经享有的能力，这些跟想要控制一切的意愿没有关系。正确评价我们所拥有的与寻求改进一点也不矛盾，如果有必要改进，我们有权要求改进，以求维护我们已经被赋予的好东西。

从这个简单的总结可以看出，最尖锐的批评矛头直指其原则和后果，在保守派眼里，生物技术革命可能带来的后果难以管理。现在让我们更深入地了解保守派的观点，从福山的小书《人的终结：生物技术革命的后果》开始。福山故意给这本书取了个耸人听闻的标题，在这本书里他打算用理性的传统主义反对现代性，一种被古希腊人称为 hybris——自大、傲慢和过分——的态度。

弗朗西斯·福山对超人类主义的观点：自然的神圣化是道德准则

如果从传统宗教的角度来看，对生命体的任何操纵都是亵渎，因为这是只有上帝才拥有的专属权，加之还有很多人认为人的本质（人类基因组）神圣不可侵犯，我们就可以理解，动手改变人的本质会被看成对普世道德最确定无疑的破坏。因为这种道德，对传统主义者来说，只可能扎根于人类共同的自然特性之中。所以，不尊重它们，想改变它们，就是破坏道德的自然基础。因此，在福山眼里，改变某些个体的生物性禀赋等于宣布人类的末日，因为它将对人类这种有道德的物种的完整性造成不可逆转的威胁，道德物种应该受到人权的保护：

即使物种层面的基因工程还要25年、50年或100年以后才能实现，它也是生物技术最重要的未来发展。其原因是，人的本质是正义和美好生活这些概念的基础，如果这种技术日后被广泛运用，所有这些概念将发生深刻的变化……有充分理由需要我们谨慎对待，我们必须尊重事物发展的自然规律，不可想当然地认为人类可以轻松地任意加以改进……建水坝或在某一地区进行单一种植都会扰乱无形的关系，以不可预知后果的方式破坏系统的平衡，更何况改变人的本质。我们以为自己对人的本质在许多方面都有很好的理解，如果有机会的话我们想改变它。但超越自然并不是那么容易：进化可能是一个盲目的过程，但它遵循严格的适者生存的逻辑，使生物适应它们的环境。[1]

还有更多理由。

生物技术不仅可能摧毁道德的基础，还恬不知耻地为优生学重新打开了一条道路，甚至赋予它新的合法性。当然，如我们前文所说，这是一种“自由主义”的优生学，福山承认这种优生学与纳粹推行的旧优生学在两个关键点上不同：纳粹优生学是灭绝性的并且是国家行为。新技术带来的优生学不是国家行为，也不会灭绝弱者，甚至“可以改良”，因此它不是消极的，而是积极的（由家庭或个人自由决定）。但是，福山认为，风险在于父母做选择时会跟风（比如，某一代想要金发的孩子，另一代则想要棕发的孩子，有的想要温和的孩子，有的则想要争强好胜的孩子），导致孩子们以后责怪他们的选择。

顺便指出，福山的观点在超人类主义者眼中也可以反过来：孩子也可能怪自己的父母因为宗教或道德信仰阻止他们求助于科技进步，不尽一切可能摆脱潜在的疾病或“改善”他们。但是，我们也注意到，对超人类主义的批评，即使是其中最为尖刻的批评也非常严肃地看待超人类主义计划，而不是像二十年前那样耸耸肩，嘲笑“改良性”意识形态（可

[1] 弗朗西斯·福山，《人的终结：生物技术革命的后果》。

惜在欧洲还是这样，欧洲对新技术革命的认识落后差距极大）。在过去二十年中，很多人都能看出基因学有明显进展：不可否认的是，他们使这一计划一年比一年更可信。现在每个人都承认，包括福山也承认，他们承诺的进展很可能只是一个时间问题，他们宣称的进步会发生，包括人类寿命的延长，这迫使我们尽快开始思考，以免来不及改变历史的进程。

按照这两个论点，我们的道德原则根植于不可触动的人的本质，人的天赋权利与这一生物基础直接相关，福山在这一基础上又提出了一系列反对意见，都明确基于传统的宇宙学或宗教思想，这些思想都早于科学革命也早于启蒙运动提出的进步概念。

首先，他似乎认为“实是”与“应是”之间的区分值得反驳。当然，这观点乍一看似乎是正确的。例如，科学认为抽烟对身体有害，但它不能也永远不会说不应该抽烟，不能也永远不会说不抽烟是一个伦理上的义务而抽烟是一种道德上的错误：抽烟仅仅是个人选择，只要一个人不损害他人的健康，并承担抽烟的经济责任。然而，针对这种典型的现代论点（如康德和休谟的观点），福山却想复兴希腊哲学家尤其是亚里士多德的主张，即道德的目的“存在于自然当中”，包含在事物本身之中，在宇宙的自然秩序里。他的推论如下：其次，很明显，“实是”与“应是”之间的关系是通过意志建立的；然后，不用说，抽烟这种做法是危险的，因为我不想死，所以不抽烟成了一种命令，因此福山认为，道德目的还是体现在本质中。

坦白讲，这种说法三秒钟都站不住脚。想把道德根植于实是之中、自然（本质）之中，这永远是徒劳的，缺乏说服力，任何人抽出一点点时间稍微严谨地思考一下就能推翻。如果我不想死，当然最好戒烟，但这句话里没有丝毫道德上的考虑。很显然，这还是一种假设的命令（必要），可以表述为“如果……那么……”，没有什么规定性或规范性。是的，毫无疑问，如果我要保持我的身体健康，那么我必须戒烟……但如果我不想要这样做，我不在乎后果呢？假如我在堕落的同时并不拖累别人，别人有什么道德上的理由可以反对我呢？完全没有。事实是，福山太过囿于美国智识界的背景而无法从共和人文主义（非自然人文主义）的角度来思考。共和人文主义是在欧洲大陆发展出来的哲学传统（从米兰多拉到康德、胡塞尔和萨特），它把人定义为道德的生物，不同于动物，这并不是出于它的本质 / 本性——物种共有的自然特征（否则就依然是假设性的必要），而是完全相反，是出于人超越、战胜自然的能力。正是这种差距使人不同于动物，能够从外部，从一个更高的角度评判世界，从而成为一个道德的生物。如果不接受这种论点，如果拒绝人具有超越自然的自由意志的想法，那么我们就得谈动物行为学而非伦理学，我们就得描述事实的行为、植根于习俗的思维方式，而非谈强制性规范。

福山的另一个论点比前一个更切中要害，它指责超人类主义者主张的至高自由背后的新自由主义思想：不管想不想，个人的选择事实上难免会给他人、集体带来影响。例如，吸烟者和酗酒者有时会使他人的生命受到威胁，即使不这样，他们还是会牵连全社会，至少他们治疗疾病的费用会让全社会来负担，我国慷慨的福利制度至少会承担部分费用。超人类主义也是一样，某些个人的选择，如延长寿命，可能对社会上的其他人造成较大的经济负担：

例如，如果大多数人选择以身体机能损失30%为代价多活十年，让他们维持生命的成本就得由整个社会来买单。在日本、意大利和德国这些人口迅速老龄化的国家，这种情况已经在发生。人们甚至可以想象更糟糕的场景，如果需要扶养的老人的比例进一步扩大，这将导致平均生活水准大幅下降……在极端的情况下，寿命无限期地延长，最终将迫使社会对出生人口数量实行严格的限制。今天有许多成年人已经开始分出一部分照顾孩子的时间精力来照顾年迈的父母。[1]

这一反对意见当然不可忽视，但如果将其作为普遍原则就变得相当可怕：是不是要决定不治疗吸烟者的肺癌、酒鬼的肝硬化？从什么年龄开始停止为老人治疗？福山无疑提出了一个现实的问题，但我们想知道他提供了什么样的答案。他对老树的低调赞颂也许让我觉得不错，只是我自己年事已高，我发现我仍然热爱生命，我不想离开，再活十年，哪怕衰老，我也愿意，如果对照五十年前，我现在的想法确实有点令我自

[1] 弗朗西斯·福山，《人的终结：生物技术革命的后果》。

己意外。如果“让位给年轻人”这一口号并不能打动我，这是纯粹的自私吗？而如果有钱人某一天想花钱延长自己的生命，难道要以平均主义之名禁止他们这么做吗？是否要取消对老人的医疗福利？但是从什么年龄开始？从七十岁、八十岁、九十岁开始吗？需不需要一个伦理委员会来决定从多少岁开始让老人自生自灭？请记住，青春是一个极其短暂、脆弱的状态，像布扎蒂的著名故事所说的那样，今天驱赶老人的那些人明天也会生出白发……

针对超人类主义的第三种批评着眼于以牛顿和康德为代表的现代理念——认为自然是道德败坏的，既自私又懒惰，如布坎南指出的那样，自然倾向于盲目选择，对弱者毫不怜惜。福山借鉴社会生物学家和进化道德理论家的观点，对自然持一种非常不同的看法。和古希腊人一样，他认为自然是一个实体，一个和谐、公正、美与善的宇宙，人类应该好好效仿自然。这个论点继承了达尔文进化论道德，采取了一种极端形式：人类最终会选择利他的道德理念。自然进化将使人类最终明白应该合作而不是对抗，应该选择和平而非战争，应该选择互助而非个人主义和自我封闭。比如，美国哲学家迈克尔·鲁塞（Michael Ruse）就是从这种新达尔文主义思想出发写了一篇《为进化伦理学辩护》的文章，生物学家让－皮埃尔·尚热将这篇文章收录到一本合集中出版，这本合集的题目本身就野心勃勃：《道德的自然基础》。

迈克尔·鲁塞自称达尔文的忠实信徒，他说：“道德，也就是对好坏和义务的意识，其实是进化的产物。”“我的意思是，”他说，“这是自然演变及其对随机突变的行动的最终产品。”在达尔文的弟子看来，人类最终会在许多随机的基因突变中选择像罗尔斯的正义理论那样的，以对他人的尊重和人权为中心的平均主义道德。为了便于理解，鲁塞提出要区分两种利他主义——“生物利他主义”和“道德利他主义”。前者已经存在于动物世界，不需要良知的干预：即使是蚂蚁也会帮助同胞搬运虫子的尸体；蜜蜂也会贡献出自己的一部分蜂蜜来喂养幼虫。然而，鲁塞说，特蕾莎修女（他举的例子）的利他主义不一样，她为他人奉献时需要她运用对价值的意识。但事实上，这里面仍然可以找到道德的自然基础，两种利他主义实际上是一体的，因为第二种是人道主义者的利他主义，本身也是自然演化的结果。后者选择这样的道德，是因为它比任何其他道德更有利，更能让人类继续广泛地传播自己的基因。鲁塞说：

> 我想说的是，为了让我们成为生物利他主义者，自然使我们的头脑中充满了利他主义思想。我认为我们不仅天生拥有成为社会人的能力，还能成为真正的道德人。

就这样，道德起初并非天生，只是潜在的能力，经过演化和自然选择的漫长过程，道德最终从能力变成了行动，成为现实，以至于自然与文化、生物与道德、道德利他主义与生物利他主义最终呈现出完美的延续性。

这个对道德的看法幼稚得令人难以置信，我在别处已经在哲学层面上对其进行过批评，读者想看的话可以参考以下注释[1]。在这里，我想从哲学讨论降低到简单的可观察的事实：从世界历史的走向看，我有点怀疑尊重他人的道德“在自然 / 本性中生了根”，最终被进化选择。20 世纪，土耳其人制造了亚美尼亚种族大屠杀，“二战”中 6000 万人死亡，犹太人大屠杀，1960 年以来在拉美地区、印度、柬埔寨、卢旺达、阿尔及利亚、南斯拉夫、叙利亚、中非共和国、利比里亚、马里、伊拉克发生的屠杀，总之，几乎发生在世界所有地方，还有最近出现的“伊斯兰国”的追随者，“伊斯兰国”似乎扩散到了全球：我们是否能绝对肯定人类最关心的是合作与互助、团结、和平与友爱？我们真的能确定人的本性如此善良，所以绝对不能改良，而且要怀着感恩的心维持原样？除非关在美国加利福尼亚的大学里，身边围绕着好心的同事和可爱的学生，从不跨出校园一步，否则进入真实世界之后这样的世界观会变成什么样？我认为：会碎裂到几乎一点不剩。

这也许不能证明改善人类的计划是合理的，因为善恶取决于我们的自由，没有什么能先验地变得 “更好”。如果说人确实具有道德的能力，我也愿意承认这一点，这能力并不像所谓古代或达尔文主义道德所认为的那样是天生的。相反，它是——至少在大多数情况下——从自然 / 本性中痛苦剥离的产物、高度完善的民主文化的结果。所以，人类不需要对抗本性就能考虑他人的利益这种想法在我看来很可笑（且不说是痴心妄想），

---

[1] 吕克 · 费希和让 - 迪迪埃 · 樊尚，《人是什么？》。

看看人类历史上的一桩桩事实就很清楚。真相是，人类很可能并不完全是被本性控制的，人有自由的余地，使他可以不断在善恶之间进行选择，有时候他表现得像是天底下最慷慨的人，但有时又好像连最野蛮的畜生都不如。一个人可以全心为了别人，同样能够极为残忍地杀人害命、酷刑折磨，堪比野兽。只要人类继续存在，人似乎就注定是可能性的动物，不是被什么“自然基础”控制而一心向善的动物，而是一种超越自我的存在，一半是天使，一半是野兽。

与普遍的看法相反，这并不是对我们生物性和动物性的部分进行否定，但应该能让我们区分“情境”和“决定”之间的区别。

正如我以前经常在我的书中解释的——因此我在这里只是简单地重申一下——我们永远“在情境之中”。当然没有人能否认这点，否则就是否认现实。我们处于一种生物性和历史性的“人的境况”中：我生而为男或女，具有特定遗传基因，属于无产阶级或资产阶级，身处某一社会环境、某个国家、某种文化之中，说某种语言，出生于某个家庭，生活在某个年代，等等。因此，我总是身在某个特定“情境”中，而这个特定“情境”可能变成“决定”，这种可能性被萨特正确地称为“恶意”。但是这个“情境”并非必然变成“决定”，它不应该与毫无自由的情境混为一谈：不是因为我生而为女，我就不得不当家庭妇女，死死盯住厨房和孩子的教育。不是因为我生在无产阶级家庭，我就一定会成为“红色”革命者：我也可以加入法西斯党，成为自由主义者或社会民主主义者。我有选择。同样，生于资产阶级阶层并不一定意味着我会成为反动派，例如马克思和恩格斯是资产阶级，但他们是革命派。在所有这些例子里，我们看到的都是“情境”而不是令人失去自由的“决定”。人跟老虎不一样，无法纵身一跃三米远，但我因此就没有老虎那么自由吗？

我得说福山主张的道德基础归于本性并没有说服我，而且是一点都说服不了我，因为在我看来很清楚，道德与天性毫无关系。此外，只需看看我们如何教育我们的孩子就能知道——教他们学习基本文明礼仪已经是几乎教不完的任务，需要耗费多年时间——如果道德和文明是天生的，那他们应该无师自通。

让我们来看其他批评者，比如桑德尔，他的观点可能角度更清晰。

桑德尔的批评或“指控完美”[1]：谦卑、无辜和互助价值观的毁掉

我们要注意，对法国读者来说，桑德尔与福山一样是最知名的美国哲学家，他不仅在美国知名，还闻名世界各地。他的书和福山的书一样都被翻译成多种文字并被全球大多数知名大学当作教材，在此只举一个例子就能说明他在知识界的知名度：他出版了一本书《反对完美：基因工程时代的伦理》，激烈批判超人类主义，此书的德国版（2008年）由哈贝马斯作序，在德国引发热议。桑德尔在著名的哈佛大学任教三十多年，一直积极与福山一起参与伦理委员会的活动，该委员会由美国总统于2002年设立，致力于反思NBIC新技术革命可能给人类带来的后果。

桑德尔的书包含五个主要章节。

第一章集中陈述反对超人类主义倡导的从“治疗性”医疗模式过渡到“改良性”医疗模式的理由，并分析了一系列问题，例如增高、增强肌肉力量、父母选择孩子的性别、外貌特征等。（这一点我们过后再详述。）

---

[1] 桑德尔，《反对完美：基因工程时代的伦理》。

第二章论述这种增强人类的逻辑可能对体育领域造成的影响。他的结论很明确：跟使用违禁药物一样，如果有一天运动员凭借基因操纵获胜，我们将不再钦佩他们的高超表现。桑德尔不无幽默地写道：

随着增强/改善的作用扩大，我们对运动员的表现不会再刮目相看。或者说，比赛从看运动员的能力变成了看医师的本事！

第三章主要突出的是哈贝马斯的观点，涉及“父母的生育计划”和“婴儿商店”这两个特别棘手的问题：如果父母不仅可以选择（这个可能性越来越大）孩子的性别，还可以选择孩子的眼睛颜色、头发、身高、体力及其（未来的）智商（为什么不呢），这在道德上是可以接受的吗？最让桑德尔担心的是，在一个竞争激烈的社会里，这些可能性会导致极大的风险，父母会为追求完美而开始疯狂的比赛，但这可以理解，在这种新形势下，父母不想让自己的子女落后于邻居的子女。

第四章涉及优生学的问题，并试图缩小超人类主义主张的自由/积极优生学和20世纪30年代的灭绝性/国家/纳粹优生学之间的区别。桑德尔认为，无论是极权国家强制的优生还是个人自由选择的优生，都不会改变问题的本质。因为在这两种情况下，人，尤指将诞生的胎儿，都被“物化”了，成了商品，是按照父母的意愿打造的物品。

第五章题为“控制与天赋”，在这一章里我们才会读到作者做出上述批评的真正理由，所以我想多谈谈这一章。事实上，桑德尔的中心思想是，超人类主义会使我们从现存的伦理——对天赋的感激——过渡到一种新的伦理（如果还可以用伦理这个词）——普罗米修斯式的人对自身和外部世界拥有绝对的掌控权。注意，“天赋”的概念并不一定与特定宗教立场相关：无论是上帝（对信徒而言）赋予我们天赋，还是自然（对非信徒而言，是不是信徒并非重点）赋予。重要的是，在这两种情况下都存在一种超验的、高于人类的外部存在赐予人类这一切。超人类主义抛弃的正是这种与偶然性、随机性和上帝的神秘的关联，进而转向疯狂的控制欲。这种普罗米修斯式的态度会彻底粉碎对人类共同生活来说必不可少的三种基本道德价值观：谦卑、无辜（因我们自身的责任范围急剧扩大而消失）和互助。

现在来解释一下这三点，因为桑德尔的批判——批评制造“超人类”或“后人类”的想法是傲慢、过度和自大的表现——最终基于这三种价值观（以下为笔者意译桑德尔此书第五章的部分内容）。

首先是谦卑：

基因革命瓦解了我们对人的能力和品质是天赋的看法，因而改变了道德领域的三个根本点：谦卑、无辜和互助……我们深深爱着我们的孩子，但迄今为止没有能力按照自己的意愿选择要拥有什么样的孩子，这让父母学会敞开胸怀接受自己并不一定希望的现实。这种开放的心态不仅在对待家人时应该受到鼓励，在面对外面的世界时也一样。它要求我们接受意外，忍受不和谐，抵御想要控制一切的轻率冲动。在电影《千钧一发》中，父母习惯于选择孩子的性别和遗传特征，这样的世界将是一个不能容忍意外和非所愿的世界……

换句话说，凭着这种傲慢，这种想创造一切、控制一切的欲望所固有的狂妄自大，我们失去了我们的谦卑，同时失去了对天赐的感激和开放的精神，以及接受不同、非所愿和意外的能力。

第二重损失桑德尔认为也很惨重，我们失去了无辜，而我们的责任呈指数级扩大，几乎被迫选择孩子的生理和心理特质，以防其他父母选择改善子女的能力，致使自己的孩子处于劣势：

有人以为增强／改善人类会毁掉人的责任……其实完全相反，责任没有被毁掉而是暴涨！当谦卑不再，责任会变得无限大。我们不再归功于运气而更多地归功于选择。父母要为选择或未能选择孩子的恰当特质而负责，运动员为获得或没获得那些能帮球队获胜的技能而负责。我们把自己视为创造物的好处之一——不管是自然、上帝还是幸运女神的创造物——就在于我们无须为我们是什么而负责。我们掌控遗传禀赋的程度越高，我们对自己的才干和表现所负有的责任就越重。今天，当一个篮球运动员投篮未中，教练可以责备他站位不对。明天教练就会责怪他长得太矮!

同样，以后那些天生失聪或失明的孩子会如何责备他们的父母？会不会起诉父母，指责他们没有花心思去做基因测试和基因操纵？如果他们不信教，不保持谦卑，不对天赐、多样性和世界的偶然性持开放心态的话，他们本可以也本应该做这些事？我们理解桑德尔认为这种指责是不对的，甚至是不堪的，但是难道就没有其他人反而觉得这样的指责合情合理？

他认为互助的终结带来的问题同样令人不安。这又和普罗米修斯式的傲慢直接相关，控制的欲望逐渐超过了对自然或上天给予我们的一切怀有谦卑、感激和开放的心态：

奇怪的是，我们对自己的命运、孩子的命运的责任极度扩大，可能会降低我们的休戚与共意识和对那些天赋比我们差的人的同情。因为我们越是相信人的命运主要看天生的运气，我们越是有理由同情别人的命运。

为了阐明他的观点[1]，桑德尔举了保险的例子：因为我们不知道自

[1] 关于人对自己社会生活中的命运“一无所知”的前提下会如何选择，桑德尔的观点接近罗尔斯。

己或他人在未来生活中的风险，所以都同意支付保险费，即使别人可能从中获益多于我们自己（或者相反）。大家不知道，也不清楚未来会怎样，但每个人的风险都是一样的，因此接受另一重风险——投了保结果任何风险都没发生。但是，一旦我们开始对自己身上发生的一切负责，包括缺陷、将来可能发生的疾病或疾病基因的根除，“互助”就可能会被“人人为己”、各负其责所取代。

保险市场采取互助的做法，前提是人们不知道自己有哪些危险因素。假设基因测试有了更大突破，使人们能够可靠地预测未来的健康状况和预期寿命，那么，那些有足够理由预期自己拥有良好的健康和长寿的人将离开保险这条船……一旦拥有优良基因的人不再和缺少优良基因的人一起参与保险，保险的互助性质也就消失了。

桑德尔的这本书和他所有的书一样充满了论据和具体例子。他还进一步从更为政治的层面来批评超人类主义：在这些新的人对人的操控力面前，不同的家庭并没有均等的机会。基因工程的费用想必高昂，至少在最初的阶段价格不可能低，在这种情况下，贫富差距会变得越发令人难以忍受，因为它变成了生死攸关的问题。更糟的是，多种人类今后可能共存，在过去曾有过尼安德特人与克罗马农人共存的情况——而人们开始觉得这种共存绝对不是什么和平共处。再说，超人类主义的支持者也意识到了这个问题，他们已逐渐认识到需要政府进行一定程度的干预，以便让所有人都有机会成为“后人类”。例如，博斯特伦说应该防止出现一个“只顾改善自己及其后代的特权阶层”，这样就不会致使最终出现“两个人类物种，他们除了拥有共同的历史再无其他共同点。享有特权的人可以永不衰老、健康、智商超高且外形完美无缺……无特权的人停滞在目前水平，这可能会夺去他们的自尊，使他们产生妒恨。上层阶级和下层阶级之间的流动性可能会非常接近于零”[1]。这还是很恼人的，所以博斯特伦考虑应采取政策措施以减少这种不平等。

最后，桑德尔在书中还提到，在地缘政治层面上，这些新技术可以被用于非和平的目的，其中包括被极权主义政权或恐怖组织利用——而且今天恐怖组织“达伊沙”已经在很大程度上这么做了，试图通过安装各种装置来控制各国的飞机。另外，在那些法规相对宽松的国家，比如巴西，整容手术的数量不断增长，很可能出现“基因手术游”。但是，这也是一个精神层面的问题。生活意义到底为何？人们无疑会对此有更多的思考，且不同于以往：无限期地活着意味着什么？一个与死亡无关或几乎无关的人生意味着什么？

所有这一切，正如我们看到的，应该得到最充分的考虑。然而，尽管有上文提到的这些反对意见，毫无疑问，将来还会有许多其他可以想象的批驳，但是想要逃避疾病、衰老和死亡（自己的和亲人的）这三重祸害的

---

[1] 尼克·博斯特伦，《人类基因增强：一个超人类主义观点》。

欲望毫无疑问会战胜它所招致的合理或不合理的反对意见。因此，我坚信，在禁止一切和允许一切的两种极端之间，我们必须开创另一条道路。但要实现这一点，我们应该如下文的哈贝马斯一样，从现在开始就预见并进一步反思新技术日后对人类构成的危险。

哈贝马斯对超人类主义计划的批评：禁止改善，停留在治疗模式

在《人性的未来：走向自由优生学？》[1]一书中，哈贝马斯从一个新颖的角度切入这个问题——孩子的角度。如果孩子的父母决定修改孩子的基因组，不是为了修复和治疗，而是为了增强和改进遗传基因，也就是说与超人类主义的想法一致。孩子的“自由”——或用哈贝马斯一贯的术语来说，“他与自身自主性的反思性关系”，更简单地说也就是，这个孩子日后如何理解自己是自由的——至少在哈贝马斯看来，孩子会因为基因操纵手术受到很深的影响，因为父母的选择（增强某种能力而非另一种能力，例如，增强运动能力而非艺术和文学方面的天赋）是强加于他的。这就是他在《人性的未来》里用很大篇幅探讨的主题，他在 2002 年 12 月 1 日接受法国《快报》采访时用更为精练的方式进行了表述。这位德国哲学家对这个问题的最终看法非常接近桑德尔，概括如下：

[1] 德国版 2001 年出版，法国版 2002 年出版。从年份可以看出，德国知识分子一如既往地立即跟进美国，而法国知识界对世界的现实一如既往地大大落后。

虽然我们人类的本性到目前为止仍属天赐、不可触碰，现在却有可能被操纵和设定，一个人因而可以根据自己的喜好刻意改变他人的遗传物质和天生禀赋……我好奇的是，如果父母获得的这种选择自由越来越大，那么父母是从什么时候开始破坏了孩子的自由，包括孩子自我决定的可能性？……我想，一个年轻男子或年轻姑娘如果有一天得知，他的基因物质在出生前已被改变，但并没有任何令人信服的治疗性理由，他（她）会怎么想？一旦父母带着改善孩子未来机会的良好意愿采取这种优生方式，他们只能是以自己的喜好为指导，但这并不意味着孩子将来成年后会赞同家长的想法和偏好。在这种情况下，如果孩子不认同，他就会质疑，比如，为什么他的父母让他拥有数学天赋，而不是运动或音乐能力，后者可能对他从事喜欢的体育事业或成为钢琴家来说更有用。

在这些设想的情况下，哈贝马斯用“数学天赋”而不是演奏钢琴的天分做例子，这在科学上是不合理的。尽管人们总说存在所谓的“数学神童”，但没有哪个严肃的生物学家声称可以通过基因操纵来获得这样的天赋。但是，这不是问题的关键。正如哈贝马斯说，要做的是预测和想象“如果……会发生什么”——就是说，如果我们有一天要面对这一情况。但是，不举数学和钢琴天赋的例子，很可能发生的是，在不久的将来，我们可以选择孩子的一部分身体特征——因此，哈贝马斯提出的问题至少原则上还是切中要害的。

让我们继续深入探讨他提出的问题——父母的自由与孩子的自由之间的矛盾。

采访哈贝马斯的记者很快对他提出异议，教育的问题难道不是跟这一样吗？在教育方面，父母为自己的孩子做出种种选择，选择什么学校、选择教他们什么语言、让他们选择什么专业，无论哪种，他们传递给孩子自己的道德、政治、精神方面的价值观，这些将终其一生伴随孩子，孩子要么接受、要么摈弃。这些选择跟影响孩子的禀赋和生物基因机制的选择又有什么不同？

哈贝马斯的答案是：

说得没错，但以这种方式传达的（父母）意图是对个体进行社会化：跟家长决定孩子基因命运时的意图不一样，确定的方式不同，也不像后者那样是隐形的。而且，两者之间还存在一个很大的差别，即孩子能否在青少年时期以批判性的态度面对父母。对于前者，孩子可以通过反思来主导自己的历史，对于后者，孩子面对的是一个基因设定，一个沉默的事实，它无法回答孩子的疑问。

在我看来，孩子可以像跟自己的父母讨论教育选择一样讨论基因选择。哈贝马斯的论点尽管看似有道理，在我看来却很难令人信服。让我们继续看他的推理。他立即从中得出结论说，必须坚守治疗和增强之间的区隔，这在道德层面上非常重要。注意，哈贝马斯并不敌视所有的基因操纵，包括生殖方面的，但似乎他只接受以在胚胎阶段根除没有人想拥有的疾病基因为目的的基因操纵。在这种简单的治疗性基因操纵的情况下，父母与孩子的关系会反过来：他不仅不会怪他的父母介入他的基因规划，正如我们已经指出的那样，相反，他后来会责怪他们没有介入。

我认为我们应该把健康或避免疾病作为主导思想。任何人都没有权力按照自己的喜好来决定影响另一个人终生的自然资源分配。基因干预应该以获得本人的同意为原则……我关心的是由他人做优生决定所带来的危险。但是，当改变某一特征的基因干预是以治疗为意图时，我们可以预设此人会同意干预，那这种危险就不存在，但这仅仅是在确定遗传疾病基因会带来极坏后果的情况下。除非是为了避免极坏的后果，否则我们无权假设能获得广泛共识，因为恰恰相反，涉及正面价值的时候，人们的意见往往分歧很大。因为这个原因，民主立法者应该在仔细权衡利弊并明确说明之后列出一个可授权进行干预的清单……

需要注意的是，尽管哈贝马斯对治疗性基因操纵持开放态度，他仍然明确敌视植入前诊断，因为他认为植入前诊断涉及工具化使用胚胎，违背了康德的主张——永远不要把他人仅仅当作一种手段，而应该始终把他人当作目的（我认为刚好相反，让一个注定要忍受痛苦和过早死亡的孩子在可以避免其出生的情况下出生，在道义上是不负责任的，但目前这不是重点，让我们继续跟随哈贝马斯的思路）。有人可能会说胚胎不是“他人”，而是一堆无意识的细胞，但哈贝马斯试图用教会的论点——人类胚胎是“潜在的人”来反驳，他认为据此我们就不能把“这一堆细胞”视作简单的物。

针对哈贝马斯的批评的四个可能的回应

试想，如果真的出现哈贝马斯所说的“孩子特质超市”，我们还是能从四个角度驳斥他的论点。

首先，正如前文已经提到的，强调天赋和社会教育的不同，这一点在伦理层面上难以令人信服。要记住（因为尽管这句话表述的是事实而非原则，在讨论中仍然很重要），没有科学证据表明，我们有一天能像哈贝马斯假设的那样轻易地设定孩子具有艺术或科学天赋，而且是单一特征性的。人的任何一项认知活动都有 8 万到 11 万个基因参与其中，想象修改某个单一基因就能改变认知活动并对其进行设定是毫无意义的。这也是为什么超人类主义宣言所树立的目标比较笼统（总体上更聪明、更强壮、更灵敏），并没有提到特定品质，提高与某一特定学科相关的能力。在此为了方便讨论，我们先假设哈贝马斯所说的情况真的存在，但无论哈贝马斯怎么辩解，我们依旧不明白，通过教育传递的社会、语言、道德和文化遗产，怎么就不比天赋来得更潜移默化，怎么就更容易与孩子商谈。无论是从社会教育层面还是从天赋层面来看，正如我前文所说，人总是处在某个情境中，而任何情境都不是决定性的（就其对人的自由的影响而言）。换句话说，任何自由都是相对于历史和自然所给定的一切而言的。我们的父母选择我们读什么学校，学什么科目，强加给我们很多不可逆转的文化元素，包括他们的母语、世界观和道德原则：这些跟父母决定给孩子多加一些（基因）天赋有什么不同？孩子日后不也一样可以就其天赋与父母商谈？天赋是静默的，哈贝马斯说。但是，他不明白，任何情境，无论是天赋的还是历史的，都是一个基础条件，并不能阻碍自由，而是构成人行使自由的环境。

让我们走得更远一点。假设天赋比历史、社会背景和教育更“固定”、更“静默”（尽管这一点在哲学上不经一驳，但看似符合常识），但无论如何，不加干预跟干预一样会带来深远影响。哈贝马斯认为孩子可能会责怪父母为他们选择了某些天赋基因，而这种选择跟父母在教育方面做的选择后果不一样。但是，难道他不明白不做选择也是一种选择？在干预是可能的情况下，不加干预也是一种决定。此外，假设我们的父母无意地留给了我们特定的遗传基因，这些遗传基因并不是他们自主选择的，但这个事实不改变另一个事实——我们也是无意地继承了这些遗传基因。哈贝马斯引用了布坎南的《从运气到选择》，但布坎南肯定会向他提出这样的问题：既然无论我们不加干预还是选择进行特定的改善干预，我们的孩子都可能责怪我们，依赖运气怎么就比选择好呢？

这还不算完。

进一步假设（仍然是假设，且为了论辩之便），大家不接受我提出的反对意见，反而同意哈贝马斯对布坎南的批驳，我们仍然看不出病理性和非病理性的缺陷在道德上有什么区别！超人类主义不仅旨在提高人类智力和道德，它首先主张的是帮助人类摆脱与年龄、疾病、衰老和死亡相关的痛苦。即使假设我们不希望变得更强壮或更聪明（这种假设不大可能，但可以接受），谁真的想变老和死去？可能某些人有他的理由，有些人厌倦了生活想了结性命，可实际上后一种可能性即自杀是永远存在的，但我们得承认这不是大多数人的想法。在这种前提下，哈贝马斯提出为避免病理性缺陷而改变基因（因为是以治疗为目的，所以仍在合法框架内）可以获得共识，而为避免非病理性缺陷（主要指衰老乃至死亡）则不然，这种区分在道德层面上是没有意义的。我们已经举过侏儒症或天生外貌丑陋的例子，还有整容手术和某些兴奋剂（万艾可）的例子：从个人的角度可以不想这么做，但既然不愿衰老和死亡的共识与祛除疾病的共识一样广泛和普遍，人们希望改善自己和孩子的基因又有什么不道德可言？

图穷匕首见

进一步假设大家不接受前三个反驳意见，最后这一个在我看来也足以超过其他所有驳论：哈贝马斯的哲学和我的一样以自由为基础。他反对以改善孩子为目的进行基因操纵的整个论证基于以下这一点：这种基因操纵日后会妨害孩子的自由，不可逆转地破坏孩子心目中自由人的自我形象。但很明显，这又混淆了情境和决定。这一点在我眼中是如此重要，请原谅我再次重复。显然没有人否认，我们总是受制于某个环境，处在具体的历史和自然情境下。但是一个情境——不管是什么情境，哪怕是监狱——是且永远是人行使自由的环境而已。无论这情境是不是其他人选择的，比如父母选择的，都不改变这一点，因为，如前文说过，不选择也是一种选择。

因此让我们承认——我恐怕是第一个这样做的——对超人类主义的批评引发的这场讨论尚未结束。我相信，读到这里很多读者会想做出回应，以这种或那种方式进行反驳和再论证。有些人很可能更赞同桑德尔、福山和哈贝马斯的看法，而不是我的。我的本意就是如此，这是为了让大家明白我们需要组织讨论。不过，我希望大家遵循一些原则，我将在本书最后一部分具体谈到这些原则，我们不应该没有任何理由、没有经过论证，只是出于个人看法和立场就禁止基因操控。以上这些都是怀着谦卑的心情说出的，因为我清楚，我们每个人都可能判断错误，并且在与他人的讨论过程中改变主意。

不过，关于长寿乃至不死的讨论无疑是最激烈、最精彩也最混乱的。

现在让我们来看看这是为什么。

永生不死：噩梦还是天堂？论世俗的长生不老理想带来的一些形而上学、道德和政治问题

当然，对抗衰老和死亡的计划激起了无数反对，首先来自宗教方面，因为宗教有可能因此失去很大一部分存在的理由，而且宗教也一直都在抵制任何形式的生物操纵。其次是一些世俗思想认为，如果人类有朝一日寿命大大延长——这还未成为现实，但在几十年后也许会被证明可能——这将构成极大困扰。确实，如希腊神话里阿斯克勒庇俄斯和西西弗斯的故事所示，他们担忧的这些问题是非常实在的，乍看之下甚至让人觉得无法克服。

首先，在心理层面上：这么多空闲时间要用来做什么？正如伍迪·艾伦（Woody Allen）所说："永远真的很远，越到后面越远。"不正是我们对有限性的感觉、对时间的流逝和无法逃避的死亡的感知促使我们行动起来，摆脱天生的懒惰，推动我们去建功立业、创造文明的吗？其次，在伦理层面上：在这些新的人对人的操控力面前，不同的家庭并没有均等的机会。我们已经提到，长寿的代价将是昂贵的，贫富差距将变得越发令人难以忍受，因为事关生死。在人口结构层面上：如果人类不死，如何避免过度拥挤？该不该决定生活在一个没有孩子的世界里？该不该殖民其他星球[1]？最

[1] 埃隆·马斯克为此已经认真考虑从 2025 年开始殖民火星！

后，这会带来一个真正的形而上学的问题——人生的意义，这个问题越发突出且不同于以往：无限期地活着意味着什么？一个与死亡无关或几乎无关的人生意味着什么？

正是在这种背景下，超人类主义铲除“死亡恶龙”的目标招致了众多较为激进的批评，不胜枚举，但我认为以下几点基本上总结了大部分批评意见。让我们来浏览一下，并试着按照超人类主义支持者的角度逐一进行回应。

首先，有少数一些批评只看到目前的现实就称其异想天开：不可能，我们永远不可能“终结死亡”，甚至不可能真的战胜衰老，超人类主义完全是科幻。基督教思想家伯特兰·韦尔热利（Bernard Vergely）正是从这个角度嘲笑超人类主义，因为科学开始与宗教相抗衡，抢去了宗教最钟情的主题：

> 终结死亡的想法最引人注目的一点是：幼稚无知。迄今为止，还没有人见过一个永远活在世上的人。目前在世的最长寿的人是一个日本女人，大川美佐绪，116 岁。而正式的长寿纪录是一个法国女人——雅娜·卡尔芒，活了 122 岁。所以，我们怎么能说死亡很快会被消除？我们怎么知道？没关系，即使没有任何理由这么说，也有人相信。更妙的是，竟然宣布能终结死亡。[1]

[1] 伯特兰·韦尔热利，《人——上帝的诱惑》。

可惜反驳这种论点太容易了。这种论调从古至今一直被用来反对一切在无知者看来不可能的创新：他们曾讥讽说，不可能，比空气重的（飞机）不可能飞起来，汽车时速不可能超过60公里，不可能即时将图像、声音和信息无线传送到千万公里之外，不可能在月球上行走，不可能对人类基因组测序、随意剪切复制，不可能用人工心脏维持一个人的生命，不可能用干细胞来修复损坏的器官，不可能通过植入视网膜后方的芯片恢复盲人的视力，以及成千上万的其他发明。莫里哀喜剧人物式的、学识渊博的神学家们曾斩钉截铁地咬定不可能实现之事，现在却变得理所当然。一般而言，说某个东西过去不曾存在所以不可想象它在未来成为现实，坦率地说，这论点太傻，哪怕是一个从根本上反对超人类主义的人，听着也会觉得可笑。其实，伯特兰·韦尔热利一点都不愚蠢，所以不得不马上补充了以下两句话：

“假设人可能不死，如果是这样的话，将出现两个问题。（1）没有人死去，地球将人满为患……人类很可能会饿死。（2）如果为了不让地球变得过度拥挤，人们停止生儿育女，人类将不再延续。”——他刚刚断言永生不可能，马上转而分析这个被他说成乌托邦幻想的计划可能造成的后果。

当然，正如我在导论中指出的，目前尚无严格的科学实验证实科学已经战胜人类的衰老，这是无可否认的事实。此外，无论如何我们永远有死亡的可能，因为即使获得极长的寿命，我们总是可以因为自杀、意外或袭击而死亡。但是以下假设还是合理的：假如有一天，哪怕是在非常遥远的未来，人的生命能够显著地延长，死亡更多地来自外部，就像我在书的开头提到的祖母的茶具，总有可能被碰碎。所以，伯特兰·韦尔热利的做法也不荒谬，马上未雨绸缪，思考这样的假设有朝一日成为现实之后会带来什么样的问题。

以上就是一般反对超人类主义的人就这一关键问题所提出的主要批评——之所以关键，是因为人类增强计划的终极目标就是解决衰老和死亡的问题。我们已经见过一些这样的批评，深入思考之后做一个小结不无用处。

第一个反对意见最显而易见，就是人口方面的预期后果。如果没人死亡，或如果任何人都可以正常活一百五十年到两百年，如何避免人口过剩？除非去殖民另一个星球或不再生育，只允许生死人数相抵，目前还不清楚如何找到合理的解决方案。我们还不得不艰难地承认，死亡对活着的人有好处。我们难道真的愿意活在一个没有孩子的、拥挤的世界里，每个人只想着保住自己的性命，尽可能活得久一些？

第二个反对意见涉及社会问题：有关养老金的政治纷争肯定会变得大不一样，再没有人可以考虑退休——除非机器人替我们工作，除非我们不堕入终日无所事事极度懒惰的深渊——大家都知道这个致命的恶习能引出一系列恶行。

继续谈社会性和政治性的反对意见，今天世界上的贫富差距已经令人难以忍受，基因操控难道不会加剧这一不平等？有人会说，差距已经存在，如收入差距比或者说财富差距比，目前已经是 1∶1000。但我们在这里考虑的不是自己的汽车或房子比邻居好，而是生死问题。由于延长寿命的成本很高，因此对穷人或富人来说问题的答案会大不相同——显然，这会给社会政治层面上的平等问题增加具有争议性的新维度。谁有权利活着，谁又有义务死去？难道仅仅是钱的问题？如果是这样，人们肯定要求机会均等，那如何筹资？更何况洛朗·亚历山大已经指出，医疗费用可能急速上涨，从老年时期转移到童年时期，从病人身上转移到健康人身上，健康人显然会千方百计增强自己，以保证自己一直健康，未患病的人治疗的花费甚至比生病的人还高：

> 几十年后将很难避免出现“遗传和生物技术定量配给”，也就是双重治疗。卫生系统将无法负担全部健康人口的医疗。我们西方国家的经济增长缓慢，难以承担这一新的医疗类别——跟胚胎、儿童和青少年有关——激增的费用。个体年纪很小的时候就得花费很多钱，因为在胎儿出生之时甚至之前就可以通过基因组分析得知易患哪些疾病。这将是一个革命。现在医疗支出高度集中在老人身上，70%的医疗开支用于10%患有老年疾病的人口。换句话说，卫生系统日后不仅需要负担病人，还要负担健康的、要求不生病的人。[1]

更糟的是，如洛朗·亚历山大在书中所说，地球将不可避免地变

[1] 洛朗·亚历山大，《死亡之死》。

得人口过剩，有点像克罗马农人与尼安德特人共存的时代，几种不同的人种将会共存。那些接受了人机混合等各种形式的“增强”新技术的人，将比那些出于宗教原因仍然保持“人”原本特质的人衰老得慢得多。可能——反正超人类主义者如此笃信——“修改”和“增强”后的人类更强壮、更能抗病甚至更聪明。尼安德特人被更强的克罗马农人灭绝的历史会不会重演？即使不发展到那个程度，人与人之间的关系在那样的世界里究竟会变成什么样？让我们读一读洛朗·亚历山大的预测：

我们这一代将获得几乎免费的DNA测序，下一代将目睹不成熟的“修复”遗传缺陷技术的迅速发展。阻止衰老的技术尚未研发成功，因为需要在儿童时期进行早期干预，所以跟我们没关系。这种基因上的差距显然会带来一个痛苦的过渡期，一边是从童年就开始受益于这些发明的幸运儿，一边是其他人，新技术“之前”和“之后”的人类之间将出现一道鸿沟。之后的人类寿命长，几乎永生不死，只要不发生意外、自杀或谋杀，而出生在死亡的终结之前的传统人类没有这种运气。一个“之前”的八十多岁的人和一个“之后”的同龄人在生理状态上会存在巨大差异。[1]

[1] 洛朗·亚历山大，《死亡之死》。

在这种情况下，技术旅游会怎样发展？我们知道，在整容手术领域已经出现技术旅游，基因工程很快也会如此。在这个领域里与其他领域一样，保护主义解决不了问题：如果人们可能且很容易在别处进行手术，某一个国家禁止这样或那样的“增强”手术有什么意义？

在生物地缘政治层面上，如果极权独裁政权大规模改善他们的人口，使之优于他国人口怎么办？有些人已经这么考虑了，实行优生政策轻轻松松提高本国人的平均智商。

让我们现在从政治和社会层面上升到道德、形而上学和宗教。

首先，在道德层面上，改变人的本质，是否如福山所说，颠覆甚至彻底毁掉了根植于人的“自然权利”中的人文主义伦理根基？如果人的本质变了，随之而产生的道德怎么能不变？变成什么样？岂不是如同打开了潘多拉魔盒，不清楚盒子里是什么，因此一切都有可能发生，比如最差的结果？在形而上学层面上，赋予人生以意义和兴味的不正是死亡？一支曲子、一部电影或一本书如果永不结束，还有意义吗？如果我们永生不死，我们还能不能行动起来？会不会注定陷入完完全全的懒惰和最彻底的无意义？在宗教层面上，窃取生的权利，就是窃取上帝独有的权力，因此犯下狂妄自大的罪过，是对上帝的最大亵渎，陷入过度和骄傲，不受限制的人会把自己当作上帝。最后，人们可以实现超生物学意义上的永生不死这个想法——智能机器通过后人类代替人类，人类的记忆、人格被存储在U盘里——是不是很可怕？尤其是当我们想到智能机器首先做出的决定可能就是消灭旧人类时。

最后这个假设，正是奇点大学当前的想法——有一天可以把我们的智力、记忆和情感存储在极其精密的机器里。正如我们已经指出的，这个假设是基于一种所谓“唯物主义”的哲学学说之上的，即认为最终人脑和配备有一个所谓“高级人工智能”的计算机之间没有不可逾越的差异，前者只是比后者复杂一点。从根本的哲学观来看，我认为这种假设是非常幼稚和错误的，正如笛卡儿在他那个时代把动物简化为复杂的自动装置。下面让我们试着用几句话总结这一章的内容。

唯物主义超人类主义的局限性：幼稚地混淆人与机器

唯物主义论完全依靠纯粹的行为主义的方式来对待人类智慧的问题。其第一个前提是，只要具有高级人工智能的机器能够通过图灵测试（也就是说一个人在与一台电脑交流时无法判断它是机器还是人），就没有理由认为人类智能和人工智能之间存在本质区别。这样的机器具有自我意识和体验情绪的能力，既然它们能表现出生命体的所有特性、思考能力还有人类的感情和激情，那就应该和我们人类一样拥有法律地位、权利以及义务（为什么不？）。它们将跟人类一样独立，而它们的智能是人类的千万倍，计算机能够从容战胜国际象棋或围棋的冠军已经让我们做出如此猜测。机器还可以日夜工作，不断发展，从错误中吸取教训，随着时间的推移改变自己，繁殖，表现幽默或感到同情，总之，它能在世人面前表现出人类的一切行为和态度。

让我们假设这种方式推导出的新的“一元论”为真——谓之一元论，是因为他们把意识纯粹看成物质的产品。在这样的前提下，至少对真唯物主义者来说，人与机器之间仍然存在哪些明确的区别，特别是伦理层面的区别？应不应该拟定类似人权宣言的机器人权宣言？“奇点大学”派的超人类主义对这些问题的回答是肯定的。

但是，凭直觉，哪怕只是凭简单的常识，我们不得不得出另一个答案：

即使机器能够完美地模仿人类，甚至比完美还完美，但因为机器的能力超出了我们人类的能力，因此机器终究无法体验快乐和痛苦、爱和恨，无法拥有真正的自我意识。当然，它可以表现得“像有”，但它并没有任何感觉，因为要感觉到情绪，需要拥有一个身体，需要有生命——因此，只看外部标准，只看行为，是不够的，甚至是惊人的幼稚的。话虽这么说，但我们确实需要能够“设身处地”地体会机器的感觉，体会它能感觉什么、不能感觉什么，来判断它是否具有人性。但这显然是不可能的，“奇点大学”派的超人类主义者就是利用这种不可能性来宣称人与机器不存在差别。唯灵论者会说，即使它有某种程度的自主性和任意性，机器仍然被设定的软件禁锢；而有逻辑的唯物主义者可以回应说，人类也是完全一样的，人的大脑不过是一个复杂的机器，人的情绪是由人的神经机制设定的，其所谓的自由意志是虚构的，因为我们的思想、价值观和所谓的选择只不过是结果，完全被我们的历史和生物特性决定。

然而，这恰恰是错误所在。且不重复我在我的书中经常驳斥的观点，我只提一下唯物主义决定论为什么只是一个假说，而这个假说既不科学又自相矛盾。

卡尔·波普尔（Karl Popper）指出，与那些自认为是“理性主义者”的人普遍接受的看法相反，决定论并不“科学”，是无法证实的形而上偏见。事实上，人所有的行动都不受有意识的意志控制，而是由一些动力因、可以告人或不可告人的利益来决定。这一命题是典型的“不可证伪”命题，无法通过任何实验证明。决定论和上帝或天使的性别一样是无法证明的，不仅无法证明其存在，也无法证明其不存在。同样，我们的所有行动都是出于利益，这一决定论说法也无法证伪，因为依照这一说法，我们总能找出任何行为背后的理由，哪怕是表面上最无私大度的行为，都可以假定其背后或多或少有一个秘密或不可告人的理由，因此完全没有可能凭经验反驳决定论。然而，波普尔找出其中存在一个悖论，不可证伪性根本无益于证明决定论，相反，这证明它是不科学的：正因为它不可能被任何可以想象到的经验反驳，因此它的性质是形而上偏见。唯物主义决定论的假说，和上帝存在的假说一样，在一个完全不受事实控制的圈子里转来转去，且只有如此它才能逃脱任何实验的考验。

事实上，传统的唯物主义决定论，如康德在《纯粹理性批判》中所指出的，本质上就是矛盾的。它认为每一个结果背后都存在一个自然的和历史的原因，这个原因本身也是另一个原因的结果，以此类推，直至无穷。因此决定论的观点站不住脚：要么停止因果关系链，像莱布尼茨一样定下第一因（上帝、自然、历史或任何你想得到的其他原因），但是，就在想确立决定论的时候，它就被否定了，因为这个第一因本身没有原因，在定下它的那一刻就违反了原则（决定论称任何原因都有一个原因，它只能否定第一因[1]）；要么继续无限倒推，在这种情况下，实际上，想解释的结果恰恰永远无法确定或解释，因为我们无法把永远抓不住的解释当作真

[1] 因此，在斯宾诺莎和莱布尼茨的本体论里，上帝自因存在，也就是说它的本质蕴含着它的存在。不得不说这个想法非常混乱。

的解释。这对历史学家来说也是一个大问题。每次他们划分一个时代，都不得不随意断代，或者说试图找到一个标准使这个随意的划分看起来没那么明显：当你开始反思 14 年战争的原因，就得认识到原则上这个问题的解释能回溯到史前……至少是史前！

因此，决定论是不可证明、无法想象的，与其相对的假说——人的自由选择引发的一系列行动——同样是不可证明、无法想象的。如果想做到真正的理性主义，必须将决定论维持在理论层面——科学理论层面，不是将其作为适用于事情本身的本体论真理，而是作为一种无限适用的方法论原则，并保留自由的假说。当然，出于同样的理由，这些哲学批评也不能证明自由的存在，如康德所说，自由仍然是十分神秘、不可理解的，因为它违背理性的原则。但没有什么可以否定自由的存在，因为它超越科学，超越经验，属于形而上学。

同样，唯物主义决定论称机器会具有智能、自我意识和感性，并能存储人的智力、记忆和情感：这一点本质上不可证伪，因为它只以外在的标准来比较人与机器。我们可以打赌，如果有一天他们用可以被驳斥的方式表达这一论点，它将被驳倒。在那之前，它不过是一个跟过去没有任何不同的唯物主义乌托邦幻想，其实并不比法国发明家雅克·沃康松著名的机械鸭子更聪明或更可信。

出于同样的原因，二元论并没有被唯物主义一元论驳倒。诚然，发现和思考万有引力定律需要一个大脑，即牛顿的大脑。尽管如此，这个定律确实存在于牛顿的大脑之外，存在于现实中。对数学定律来说也是一样，需要一个大脑来理解，欧几里得几何中三角形的角度之和是180度，黎曼几何里的角度和大一点，罗氏几何[1]里的小一点（因为他们的研究对象是曲率为正或负的球面几何）。不管怎样，三角形定律中体现的这种理性不是由我们的大脑产生的，因此唯灵二元论还是有一定机会反驳唯物主义一元论的。

让我们终止这些无休止的讨论，目前没有现实可供参考。正如我们所看到的，对超人类主义的所有批评中，有一些不是很站得住脚，其他则值得我们关注更多。有一点是肯定的，至少，所有的批评应该引导那些可能参与监管新技术开发和后果的人。这就是为什么我认为应该在这一章中简单诚实地展示它们。我们将会看到，一旦考虑到新技术在经济和贸易领域的影响，基本上就涉及监管问题，就算不完全相同至少也是类似的。

[1] 罗巴切夫斯基（Lobachevsky，1792—1856），俄罗斯数学家，非欧几何的创始人。

第三章

共享经济和世界的“优步化”

资本主义的式微或混乱的放松管制？

显然，全球基础设施互联网和新型共享经济之间已经建立起深入而持久的关系：共享经济的代表就是著名的GAFA（谷歌、苹果、脸书和亚马逊[1]），但互联网最近带来的各类应用，使个人之间建立起前所未有的连接，包括在法国最为知名的优步（Uber）、Airbnb、BlaBlaCar——世界各地每年都有成千上万的应用出现。据杰里米·里夫金这样的理论家称，这种新形式的社会纽带直接关系到一个新的经济组织形式[2]的出现，它是“第三次工业革命”的产物，这在互联网普及之前想都不敢想。根据他的预测，这一新局面有望在短期内超越资本主义制度的框架来组织人类生

[1] 有人也许会反对，说苹果是一个传统的公司，销售实实在在的产品，因此不属于共享经济。这话没错，但由苹果公司生产的产品是使共享经济成为可能的工具，没有苹果产品或同类产品，共享经济是不可想象的。

[2] 他称这种组织的特征是“零边际成本”。这个术语的意思粗略地说就是，当初始投资成本完全摊销且附加产品的分销不再需要任何费用时，就达到了零边际成本。举一个音乐在iTunes上出售的例子：假设一首歌的初始投资成本在售出第100个副本时完全摊销，则第101个副本就不再有成本，因其分销成本几乎为零。我们这时可以说其边际成本为零。

活，也就是 17 世纪以来固有的两种结构：国家和市场，一个是国家政府机构，一个是完全以追求利润为目标的经济商业的公民社会。互联网基础设施逐渐产生了一种新的社会和政治组织，既不是国家的也不是（完全）商业化的，它让我们的一个个村庄和地区——很快扩展到整个国家——互联成国际和社群网络。其中少数人会保留自己的营利性，而大多数会变成免费和非营利的（如维基百科的模式，一个不想“赚钱”的网站）。

里夫金，一个在 20 世纪 60 年代参加左派极端自由主义运动从而进入政坛的知识分子，在其书中鼓吹的正是这个“进步乐观”的方向，称西方世界在现代经历了三次工业革命，每一次都与三个基础支柱产业有关：使生产翻倍的新能源，人与人之间新的沟通方式（包括交通及物流）和新的社会生产组织形式。

三次工业革命：走向资本主义的终结？

我要在此简要地总结下这三次工业革命，值得花力气这么做，因为它们（至少里夫金这么认为）会导致资本主义的终结。光凭这点就很重要！

第一次工业革命是印刷机和蒸汽机。没错，古腾堡在15世纪末就发明了著名的印刷机，而它是在18世纪80年代出现一种新能源之后才真正充分发挥其潜力，用蒸汽推动的轮转印刷机和其他卷筒印刷机首次以工业化的方式印出了报纸、书籍和海报。接着发展出新的交通方式，首先就是铁路，而与此同时，公众教育和新闻媒体因为书籍和报纸成本降低而成为可能。正是在这样的背景下，城镇取代了乡村，开始出现集中和分层级的生产单位、现代化的工厂，导致农业持续衰退。

第二次工业革命发生在一百年之后，这时出现了内燃机和电力。19世纪开启了资本主义急速发展的时代，也伴随着新的通信形式的出现，如电话、电报以及后来很快出现的广播电视，当然还有汽车、卡车和飞机，它们彻底改变了物流和交通运输，而城市化和层级化继续扩大，乡村衰败，开始出现跨国公司。

第三次工业革命，就是我们今天正在经历的革命，结合了新能源如低碳能源或“绿色”能源（风能、太阳能、地热、氢电池和不久将普及的甲烷水合物）以及新的通信形式——各种互联网。此时出现了一种“横向”和“分布式”的经济生活组织形式，一种后民族主义的、去层级化和去中央化的经济、文化和政治生活结构方式，与共同社交网络、大数据搜集及分析工具的诞生密切相关，使共享经济日益扩大。

正是在这种新形势下，资本主义呈现出日渐式微之态。

里夫金用一个旧词——“公共资源协同共享”来指这些新的共享网络（只有各种互联网才能使之成为可能，我们稍后再讨论），它指的是美国或英国的某些历史时期，尤指著名的反圈地运动的农民叛乱，地主用圈围的方式划定和保护私有土地的范围，以阻止牛群自由活动——这个隐喻可以让我们看清互联网的新逻辑与圈地运动的旧逻辑之间的差别。新逻辑与旧逻辑恰恰相反，它的目标是不断扫除所有可能的、想象得到的领域里的圈围、筒仓、栅栏和私有土地，以期把世界的每个角落，不论昼夜任何时间，所有的人、所有的网站、所有的网络都连成一片。

其实里夫金偏爱用这个莫名其妙的词也没什么，反正我们已经非常习惯于见到本国（法国）作者语不惊人死不休，任何名副其实的“思想者”都得急中生智发明一些新词，令所有人都惊讶于他非凡的天才。我们还记得，“新哲学”出来时也是这样的风格，也记得后来发生了什么。算了。但是关键在于，他这个想法的起点至少值得反思：很明显，它植根于一种信念，即互联网络基础设施带来了人际关系的新模式，比如社交网络上开始有数亿人每天交流信息、图片、音乐、电影和各种不同的意见——这是一个看似免费的系统，但我们看到它不断收集私人数据（著名的大数据）

并出售给其他公司产生巨额利润。免费实际上是美妙的烟幕，是一种诱人的赚钱方式。

因此有人觉得，立刻宣布全城与全球的后资本主义社会将让位于公共资源协同共享，从而得出人类开始转向超越市场和国家的社会政治组织形式的结论，这未免太快了一点。事实上，我将在下文中论述，恰恰相反，我们在这第三次工业革命中经历的是可怕的放松管制和私人财产（资产）商品化。近来红火的 UberPop（人民优步）让我们看到了一个颇具代表性的例子——我们通过这个例子可以发现真实的历史与里夫金的预测之间存在鸿沟：一边是现实，一边是想法；一边是客观真相，一边是用于粉饰真相的幻想表演，其中掺杂着或多或少的利益。

不要太心急。

如果你不熟悉互联网络的新逻辑所涉及的各种难懂的概念（零边际成本、共享经济、反对“圈地”的公共资源协同共享、多元化互联网、大数据、互联物品等），如果你不明白这些概念为何会宣布资本主义的终结和作为自由社会的基础的“国家 / 公民社会”结合体的终结，如果你不太清楚互联网是通过什么途径和创新技术带来这种新局面或免费是怎样产生财富的，你读以上段落时感觉摸不着头脑很正常。

少安毋躁！

我会尽力把这一切解释清楚，你会明白这么做是值得的。虽然我不同意里夫金的结论——工作的终结、资本主义的式微、教育的新形式（慕课，即在线教育），原教旨主义生态保护将获得胜利，建立在分享、放弃私有财产、关心他人和自然以及普遍无私基础上的理想社会即将诞生，但它的出发点是有道理的（且不说是真正“不可避免的”）。而这也许正是它成功的原因，尽管他后来非常巧妙地用此为一种意识形态——资本主义的式微——服务，有时竟掩盖了现代社会历史的真正进程。

第三次工业革命，四个互联网的诞生和共享经济的基础设施

因此，让我们从头开始，即现在存在三个不同的互联网，这三网互通构成第四个互联网的一部分，这第四个互联网就是物联网。里夫金如此写道：

通信互联网、能源互联网和物流互联网融合成共享公共资源的物联网，开辟了通向协作共享时代的道路……物联网使通信互联网、能源互联网和物流互联网融合成一个统一的系统一起运行……三个中缺少任何一个，其余两个都难以运行。没有通信，无法管理经济活动；没有能源，无法制造信息或维持运输；没有物流，无法推动经济顺着价值链发展。总之，这三个运作系统构成了新经济机体的功能构架。[1]

而这种“新的功能构架”将对资本主义产生巨大影响，如果它不导致资本主义在本世纪下半叶终结，至少会导致其彻底没落，调控能力变弱，丧失主导地位，让位于非营利的公共资源协同共享和共享经济。

让我们弄清这一预言的逻辑。

第一个互联网是最广为人知的，即我们日常使用的通信互联网。它

[1] 杰里米·里夫金，《零边际成本社会：一个物联网、合作共赢的新经济时代》。

基本上被 GAFA 垄断，当然还可以算上众多社交网络如推特（Twitter）和领英（LinkedIn），以及所有使共享经济成为可能的 App，包括优步，Airbnb，BlaBlaCar，TrocMaison.com，Vente-privee.com，Leboncoin.fr，Drivy.com，ParuVendu.fr，维基百科和数不胜数的其他网站，一整本书也列不完。它们带着或多或少的商业化目的，聚集和“引领”上百万人组成了网络社区。这个互联网提供一些付费使用的服务（用优步打车要付费，就像从亚马逊订购图书或通过 Airbnb 预订或出租公寓一样），以及一些看似免费、实则不然的服务：乍一看，使用谷歌、Facebook 或 Twitter 的服务是免费的，用户似乎是免费浏览网页，在网络上进行搜索或发帖不花一分钱，但下文将告诉我们这些看似免费的服务其实通过极其高效的计谋产生天文数字般的利润。这些公司欣欣向荣，假装无私，却不停地收集无限多的数据，包括关于我们的生活方式、愿望、健康、怪癖、忧虑或消费习惯的数据（我们所说的大数据），以高价卖给其他公司，使这些公司能够优化沟通、创新和销售策略，针对他们的客户发送广告，根据网民对各种问题的回答来不断深入分析客户需求，进而推送个性化广告。你在 12 点 30 分搜索了巴黎第五区的一家日本餐馆？毫无疑问，你想去吃午饭。如果同样的请求发生在午夜，意义则不同：可能你找的是送餐上门服务。

我们不多谈太技术的细节，网络是互联网之后（这两者常被错误地混淆）在 1990 年年初由蒂姆·伯纳斯 – 李（Tim Berners-Lee）和罗伯特·卡里奥（Robert Cailliau）开创的，它是一种基于互联网的应用程序（如电子邮件），可以把网上的所有信息都联系起来（消除“圈围”、筒仓和障碍），这些信息原来是相互独立的，缺乏共同的界面。网络是名副其实的“全球网络”（“万维网”），因此它是新经济（共享经济）的基础设施，把所有想要互通的人连接起来，无论他们身处世界哪个角落，无论白天或夜晚。

其次是能源互联网，也就是所谓的“智能网”。毫无疑问，里夫金在这一方面的研究最为吸引各国负责能源问题的政治领袖。他们的想法是：无论是一个企业还是一个村庄或地区规模的社区——最终这些能源社区会覆盖全球——都可以形成万维网式的网络模型，利用绿色能源和可再生能源（风力发电、太阳能电池板等）产电。在未来的 20 到 30 年内，其产电价格和效率将赶上传统的集中型电力公司，如法国国家电力公司 EDF。每个社区产生的电力不仅可以供自己消耗，而且可以与其他社区交换——通过类似通信互联网的方式——盈余电力被存储，然后共享。当然，我们还没有走到这一步，如何存储电力、获得建立这些网络所需的绿色能源的初始投资成本，这些问题都还有待解决。此外，一旦这些投资和基础设施的实施成本到位，这些几乎可无限再生的能源的边际成本便会趋近于零（风和太阳即使会中断，还是会周期性出现，因此没有成本）。

第三是物流网络，它涉及流动性问题，而这在今天仍然是以完全非理性的方式处理的。例如，我们的汽车平均使用时间仅占 6%（在 94% 的时间里，它们就在停车场里停着不动，因此汽车共享很有好处）；至于专门的货运卡车，它们总是没装满，或是送完货之后放空开回。目前物流领域还存在很多缺陷，如果我们利用上面提到的那两种网络，问题就会迎刃而解。

这正是贝努瓦·蒙特勒伊（Benoit Montreuil）在其2012年出版的《实体网络》中提出的方案，他是加拿大著名拉瓦尔大学研究中心的物流问题专家。这位对里夫金影响颇深的研究员分析了公路卡车运输如何及为何日益变得低效，在经济、生态和社会效益方面来看“不可持续”。他对现行系统提出了诸多强烈且难以反驳的批评[1]。面对这一团糟的局面，他提

---

[1] 再次顺便提一下他的批评意见，再谈谈他提出的解决方案，有意思的是，今天大多数网络（无论是电子网络还是实体网络）专家重新采用了他的解决方案：由于缺乏标准化的集装箱和外包装，我们运输了太多的“空气和包装”，造成极大的浪费，因为相关成本很高。美国2009年在货物运输上花费了5000亿美元，包装还花了1250亿美元，存储花了330亿美元！总的算起来，卡车运输成本占当年14 000亿美元GDP的10%——由此我们可以估量出货物运输合理化能节约多少钱。

——仓库太少，使用不当，而且大多选址不佳，距离货物配送的终点太远。

——太多产品遗失、未售出或未使用。

——货车空驶不是例外，而是常态，从经济角度来看是荒谬的：例如，在美国，仅60%的货车满载行驶，而全世界范围内不到10%！此外，在美国，总行车公里数的20%是货车空驶公里数。

——从生态学的角度来看，这一浪费成本巨大，不符合大多数西方国家制定的温室气体减排目标。2006年，美国境内货车共行驶4230亿公里，耗费数十亿加仑的燃料，因此产生了破纪录的二氧化碳排放量。

——城镇地区，特别是大城市的中心地区的货物运送已成为令人头痛的大问题。

——集装箱、包装和装卸自动化没有全球统一的标准，也没有可读取的芯片来确定集装箱的内容物。

——各个企业仍然各行其是。无论是客户还是服务提供商，面对的都是“独立”运行、各自为政的私营公司，没有按照共同标准来组织所有运输，也没有通过协作网络共享运输方式。

——负责运输的人员的工作大多不稳定且条件恶劣，往往导致劳资问题和罢工。

出了一系列切实可行的解决方案，使21世纪的道路货物运输获得了流动性。作者捍卫的想法恰恰是要效仿通信互联网，创造一个被隐喻为“实体网络”的东西（称为“IP”）。有趣的是，在（通信）互联网诞生之时，比喻是反过来的：人们当时都说要创造“信息高速公路”，为此，需要找到一个共同的语言，为还未使用相同技术的网络之间创造共同界面。

万维网实现了这一点，打破了“孤岛”，让全世界通过同一个网络进行互通。蒙特勒伊认为在实体网络中也应该这样做，找到流动性的共同条件，例如全球标准化的包装、容器内容识别芯片。他非常明智地提议朝这个方向来彻底重新思考仓库和路线[1]的组织和联结。

---

[1] 里夫金重新采用了蒙特勒伊的提议，举了以下例子：

“在老系统中，货车司机一人兼顾一切：他将所有货物从生产中心运到交货点，然后开到最近的装货点位接另一批往回运。在新系统中，运送任务分配给多个司机：例如，第一个司机将货运到附近的配送中心，然后他接上另一个装满货物的拖车开回去。第二个司机接手，把货物运送到下一个中心，可能是重型货车停车场或机场。依此类推，直到货物抵达目的地。”（杰里米·里夫金，《零边际成本社会：一个物联网、合作共赢的新经济时代》）。

蒙特勒伊在他写的关于实体互联网和新物流运输的报告中给出了一个更具体的例子——一个往返于魁北克和洛杉矶之间的司机。在现行系统下，这一路程大约是10 000公里，耗时240小时，显然驾驶员需要在途中停车若干次。在实体互联网和新的物流运输系统中，同样的行程将由17个司机接力几乎不中断地完成，每个司机每天行驶不超过3小时，当天晚上就可以回家。约60小时货物就能送达洛杉矶（而不是120小时），同时通过物联网传感器追踪集装箱，避免司机接力过程中出现货物丢失的情况。

还有，美国现存的535 000个仓库如果互联合作，将节省很多时间，大大增强营利能力，而且还节能环保，假如我们能放弃传统集中式资本主义企业看重的那些“围栏”和“孤岛”。

最后说到里夫金的主要观点，这一点统领其他，即这三个网络要融合在一起，形成第四个网络：物联网。预计到2030年，全世界将有200亿或300亿物体联结在一起，它们将持续不断地搜集亿万份关于你想象得到的各种问题的“大数据”。一般来说，当我们试图在科普书籍或文章里向公众解释什么是“物联”时，我们总是以冰箱为例。一个冰箱配备有各种传感器，能够像成年人一样自行发现你储存的牛奶、黄油或橙汁不够了。它不仅知道，还可以在线下订单购买你常用的产品，不需要你亲自过问，产品送来你也不需要动一下手或一直惦记。太好了。但是这个例子说真的并没有很大意义，反而让物联网显得有点可笑。其实这第四种互联网会带来巨大机会，并且将很快在人类生活的所有领域内变得不可或缺，从健康、预防各种事故到打击犯罪。真相是，数十亿互联物品已经在比冰箱重要得多的各大领域存在，例如在住宅、办公室、车辆、输送管道、表带、蔬果包装箱、飞机、动物、海洋、植物、垃圾箱、集装箱、道路、人体、雪山、火山、候鸟、安保系统、监控摄像头、商场、公共场所，以及用于预测犯罪、地震或雪崩，抗癌，监控老人、残疾人等无法自理的人员或人为灾祸、交通堵塞。所以物联网激发了里夫金的热情：

物联网将人造环境与自然环境融合在了一个有序运转的网络中：所有人和所有事物为促进协同作用而互相沟通，为优化社会效率而促进互联，同时保证全球的公共福祉[1]。

---

[1] 杰里米·里夫金，《零边际成本社会：一个物联网、合作共赢的新经济时代》。

我喜欢句末的几个字：全球的公共福祉！就在这里！我们找到了超人类主义者和资助超人类主义研究的企业所具有的“解决问题主义”精神……如果你相信这些话就相信吧，但是现在让我们暂时保留一点批判精神。

不过，里夫金的研究至少体现了谈论眼下面对的现实才有意义——而我国的大多数知识分子还在怀念 19 世纪或 18 世纪，沉浸于国家认同是否随着军士长灰礼服和羽毛一并逝去，以及左右两派关于振兴经济是应该刺激消费还是削减债务这种完全过时的论战，完全没有意识到现实世界的动荡。和超人类主义者一样，里夫金具有基本相同的品质和缺陷，至少他谈论的是正在进行的技术革命，它是现实而不再是科幻，会彻底颠覆我们的生活和未来，不管我们愿不愿意。与此同时，法国似乎陶醉在各种纪念活动中，纪念拉法耶特侯爵[1]并斥巨资重建他的旧船（不明白到底是为了谁、为了什么要重建），纪念第一次世界大战死者的仪式（是不是真的很紧急？），法国历史、移民史等各类博物馆的落成典礼，奴隶制或殖民等各种纪念日。总之，神圣化过去的历史，有时是为了表现悔改，有时是为了纪念逝去的黄金时代，知识界和全体国民一起陷入悲观和眼泪汪汪的怀旧，而不是试图认识现实，认识未来的世界——不论是为了反对还是为了纠正错误，这才是知识界应该做的工作，但它需要更

[1] 拉法耶特侯爵（La Fayette，1757—1834），法国将军、政治家，一生致力于各国的自由与民族奋斗事业。

高的智力投入，比在日渐崩溃的法兰西第三共和国学校里写黑板和制作陶瓷墨水池难度大得多……

在这里我们也不多费口舌了，回到我们的主线。要了解共享经济的新颖性和（顺便了解一下）里夫金宣称的资本主义的终结，我们仍然需要再进一步了解里夫金照搬的克里斯·安德森的主要论点，所谓基于“长尾理论”的“零边际成本社会”。

“长尾理论”和“零边际成本”

我们必须把三个基本概念联系在一起：“长尾”、“零边际成本”的逻辑和一种新形式的“免费”——重要的是不要像里夫金一样错误地混淆“免费”和“无利润”。我们会发现看似免费的服务实际上给那些先下手为强的人带来了天文数字的利润。

对外行人来说，这些理论似乎很难理解，更难把它们联系起来。然而，你一会儿会看到，它们其实很简单，至少原理很简单（其后果则是无穷的）。此外，如果不了解这三个概念，也不清楚其深层逻辑，就完全不可能理解新的网络世界，所以值得花几分钟来了解。

美国人克里斯·安德森出生在伦敦，他是物理学家出身。他在《经济学人》杂志当过记者，在《连线》（*Wired*）杂志做过主编，最后在一家制造无人驾驶飞机的公司做设计师。他在英语世界里因2004年发表的《长尾理论》一文而成名，把来自统计数学的“长尾”概念应用到新技术带来的新型经济上。

长尾到底是什么？很简单，就是一旦某个数字产品的存储和分销成本几近于无（除了初始投资），就有可能给公众提供畅销品之外的其他产品。你可以销售几乎无限多种的“普通”产品甚至边际产品，它们不像龙头产品一样被大肆宣传，也没有那么大名气，但可以持续低调无限期地销售。

举一个例子。想象一下，一个“老式”唱片店或书店，其销售的是体积比较大的唱片——CD、书籍甚至黑胶唱片等——在货架上占据一个真实空间。因此存储和分销这些实体产品是有成本的，甚至是非常高的成本，尤其是当店铺开在大城市里时，租用门面（更不用说购买门面）是很贵的，送货和雇员（仓库保管员、销售员、收银员等）也一样，而这些都是对商店运营来说不可或缺的。考虑一个相反的例子，iTunes、亚马逊或者流媒体网站，它们出售或出租音乐、电影文件或数字图书。在这种情况下不需要物理存储，因为它是完全虚拟的或者说数字的。至于分销也几乎不需要任何工作人员，只需点击几下，而一旦必要的物流投资到位，就几乎不再需要任何成本（因此称为“零边际成本”，初始投资的成本摊销完毕那一刻，产品成本变为零）。

因此，互联网的新技术令传统的企业（或“老式”书店和唱片店）处于与iTunes、亚马逊或者流媒体网站完全不同的情况之下。对传统的企业来说，一本全年卖出10份和一年畅销10万的书或CD所占的储存空间样大——显然商店更喜欢后者。然而，对数字化企业来说，这一点也不重要，因为两者的储存和配送边际成本都趋向于零。因此，iTunes可以提供数百万首歌曲，其中包括鲜为人知和销量极小的，无须任何额外费用。但安德森发现，令人意外的是，即使那些从来不曾畅销的书或歌曲也能继续无限期地卖出。哦，当然，它们卖不到畅销书的程度，但尽管如此，它的销量永远不会或几乎不会为零。此外，让人惊讶的是，最终是这个“长尾”给企业带来最多的收益。

为什么呢？您可能会问。很简单，因为当储存和分销的边际成本为零（初始投资摊销完毕）的时候，卖一百万份畅销书和卖一百万种只能售出一本的书是一样的！你可能记起来了，如果你从亚马逊或是其他在线购物网站买东西，你购买后马上会出现一行字，“购买了此产品的人还买了某本书、某首歌曲等”，从而给了“小众产品”一个机会。所谓“小众产品”就是销售量很小的单一商品，但总能定期卖出一些，这类商品积少成多，加起来销量巨大，最终带来大笔收益，远远超过唱片店和传统书店卖畅销CD或畅销书所获得的收益，因为唱片店和传统书店的商业模式与亚马逊恰恰相反，要把货架上最重要的位置留出来（给畅销品）。

这就是安德森所说的“长尾理论”，那些已经撤下广告（或从未打过广告）的产品——音乐、电子书、已经下映的电影等，继续以零边际成本进行销售，最终带来的收益比畅销品还要多。不言而喻，在可以实现零边际成本储存和分销的数字时代出现之前，这种商业模式是难以想象的。

还有一个例子我认为特别能说明问题：在我小时候一直到20世纪70年代到80年代的电视里，一个节目的一次播放可以轻易地拥有百万观众——何况当时电视频道很少（最开始的时候甚至只有一个频道）。而今天，随着互联网的发展，情况完全反过来：现在有成千上万的节目（YouTube视频、流媒体电影电视剧，重播或直播、各类播客等）可以只为一人播放，以接近零成本送达个人电脑，让你晚上静静地躺在自己的床上观看，给你一个放松的时刻。

当然，亚马逊这类公司还销售“实在”的物品，由原子构成的而不是仅由“字节”（数字单位）构成的“东西”——但只要这类公司拥有一个几乎遍布世界各地的销售网络，其储存和配送问题就远远低于实体商店。如果非得把亚马逊上能买到的所有物品都存储在一个“实体店”里，我没有计算过，但很显然，那个实体店绝对会是世界上面积最大的，相当于一整个城市的规模，导致这种经济模式不可持续[1]。

因此产生了安德森马上提出的一个问题，而且他对这个问题的回答在我看来比里夫金的说法可信得多得多（里夫金的说法是，“免费”的兴起带来“资本主义的终结”，他将“免费”错误地等同于“盈利的终结”，我们将在后面看到为什么他说的是错的）：当资本主义竞争催生新技术的发明，使边际成本趋近于零时，如何靠“免费”赚钱，如何营利，甚至像GAFA一样赚取暴利？克里斯·安德森如下写道：

> 有人通过让人享受免费赚了不少钱。免费不是为了不求回报，而是在0.00美元的价格基础之上创造出了相当于一个具有一定规模的国家的经济总量。这是怎么做到的？又将把我们带到何处去？[2]

问得好，那么我们现在来弄明白这个问题的答案。

---

[1] 这并不妨碍亚马逊开设实体店。

[2] 克里斯·安德森，《不要钱！“免费”经济的奥秘》。

如何靠“免费”发大财?

善于利用大数据

实际上，靠“免费”发财有两种方法，一种是经典套路，另一种是新套路，而且这种新套路能充分说明共享经济的本质。

第一种套路为经济学家们所熟知。我们可以举出吉列剃须刀的例子。20 世纪初，美国吉列公司的创始人吉列（King Camp Gillette）推出了新产品——著名的安全剃须刀，打算取代当时的理发师惯用的那种老式剃刀。一开始，安全剃须刀的销售可以说是一败涂地，第一年 1903 年仅卖出 51 件剃须刀，也就是说几乎卖不动。于是他冒出一个想法（有种误传说他将产品免费赠送，其实不是），他以接近亏本的极低价格出售给私人分销商，包括银行和企业，让他们“当作促销礼品”，就此踏入看似神奇的“免费”的世界。在这种情况下，是什么让吉列大发横财？当然是配件。要使用剃须刀，你必须购买一次性刀片，吉列公司算计的就是这些刀片能给他们带来丰厚的利润：看似免费的剃须刀带来了可观的利润。剃须刀是赔本促销品，引得消费者购买使用这个促销品时必不可少的另一个产品。今天也是同样的逻辑，当商家给你免费提供一台手机时，理所当然地要求你签约数年。同样，以亏本价出售的游戏机或咖啡机就是为了让我们购买游戏或咖啡胶囊来使用。在这种情况下，所谓“免费”实际上是一种虚假的“免费”。

谷歌或脸书创立的模式跟上述模式不同，尽管目的是相同的——靠免费赚钱。因为在谷歌的这种模式里，正如我们在对“长尾理论”和“零边际成本”的分析中所看到的，免费已经变成真正的免费，至少在投资之后是无成本的。比如 iTunes，一旦初始成本摊销完毕，传送一首音乐的数字文件没有任何成本。然而，像谷歌或脸书这样市值达数千亿美元的公司，每年能产生巨额利润。那么问题来了：他们并不向用户收费，怎么能赚到这么多的钱？他们跟出租车按里程收费或者以前的电话按时间收费的方式完全不一样，你浏览网页时根本不会触发计数器。对天真的用户来说，一切看似真的免费。但就此断言我们将很快看到资本主义的终结，资本主义经济几年内就会被“个人对个人”的协作网络所取代，这却是谬之千里。

事实上，正如一句耳熟能详的口号说的，你看似无须支付任何费用，因为“你才是产品”——据说这话出自苹果公司的首席执行官蒂姆·库克（Tim Cook），他这么说是批评脸书和谷歌通过不光彩的手段获利。简而言之：当你使用他们的服务而他们不要你付费，是因为他们通过你的种种上网行为无穷无尽地收集关于你的信息，高价卖给各种公司，这些公司从信息中提取有用情报来锁定目标客户。这就是诺贝尔奖获得者让·梯若尔

（Jean Tirole）[1]及其他专门研究这一问题的经济学家们所说的“双面市场”，一面对个人免费，一面对公司收费：

谷歌、免费报纸和PDF文件有什么共同点？它们在市场上面对消费者的一面是免费的。您无须支付任何费用就可以使用谷歌搜索引擎、阅读免费的日报或查阅PDF文件。但是，这些服务面对其他客户即公司时，公司将要付出高昂的价格来投放广告或创建PDF文件。市场的一面是免费的，另一面是收费的：这便是“双面市场”的特征。

这是所谓“大数据”的价值的主要来源之一，这些大数据被出售给公司，而这些公司靠着数十亿互相联结的目标对象在网络上连续传播来不断捞钱。对掌握了“免费”的艺术和如何利用“免费”的人来说，“伪免费”是极其有利可图的，表面看来“不要钱”的社交网络实际上由完全以牟利为目的的私人公司暗中运营。

由此我们明白了，凭借新技术和物体互联而成倍增长的网络经济创造出了一个新世界，而这个新世界绝不是资本主义的终结。我们正在经历的新经济，既是一个放松管制和反国家主义（如世界各地流行的UberPop）的巨大风潮，又是“免费”利润的兴起，其崛起速度之快，金额之巨，从

[1] 让·梯若尔，“竞争不应该成为一种宗教”，《人文科学报》（*Sciences humaines*）访谈，第189期，2008年1月。

优步、Airbnb、BlaBlaCar、Vente-privee.com 等公司在最短时间内获取了非凡利润就可见一斑，这些公司以及其他很多公司让个人与个人直接对接，绕开传统的“专业”中介机构（酒店、出租车、汽车租赁公司、百货公司等）。这恰恰不是所谓的资本主义的终结，而是极端自由资本主义和商业资本主义的大爆炸，掩藏在温和而虚假的“免费”面纱之下。无论是大型社交网络还是优步模式的创业公司，最终目标仍然不变：以最快的速度赚最多的钱。

创造如此巨大利润的大数据到底属于谁？我们的个人资料是私人的还是公共的？

法国总理的智库“战略和前瞻委员会”近期所做的一项报告[1]指出，这些新的做法带来两个问题：首先，谁持有这些数据，谁是合法所有者？它们是不是像律师说的那样属于“无主物”，就像天上的空气或落下的雨水一样，属于所有人？还是说它们应该始终是产生数据者的个人财产？其次，从我们的各种上网行为中收集到的数据是公共的还是私人的？可供所有人查阅，还是相反——应该由系统来保护，限制访问？

事实是，现在几乎所有的个人数据都对大型IT企业开放，首先是GAFA，随后还有Axiom、Criteo、Target等其他私人企业，都获取大数据，通过算法[2]分析得出各种情报用来做生意，如报告中指出：

> 一开始是免费的，现在大多数数据是收费的，大数据是脸书或谷歌这类公司的主要资产……到目前为止，各大机构生产和使用自己的数据，而眼下出现了“数据经纪人”，他们将企业甚至国家的数据出售给不同客户。

---

[1] 《大数据分析，有什么用处？什么挑战？》。

[2] 关于从大数据中提取信息的算法，建议阅读多米尼克·卡东（Dominique Cardon）的《算法为何而生？大数据时代的生活》。

据估计，专门收集和出售信息的美国 Axiom 公司 2012 年收入 11.5 亿美元，掌握全球 7 亿人的信息，平均每个人 1500 条数据，等于是掌握了我们几乎所有人的数据！

这跟想象中全是由无私的反资本主义的环保爱心熊组成的非营利性社交网络世界完全相反。此外，我们可以看出这种新的共享经济给我们的私人生活带来很大风险。谷歌或脸书这样的大公司在各自领域占据着近乎垄断的地位，令人怀疑他们所提供的信息可能经过操纵，怀疑他们收集信息的真实用途，我们的私人生活变成了商品——就是那句话："之所以免费，因为你才是产品！"换句话说，如果你无须付费，被卖的商品就是你。"你"就是你的个人信息，它成了"新石油"，价比黄金。

想象一下，你的保险公司或下一个雇主查看（从现在开始他们肯定免不了这么做）你或你的亲人在任何社交网络上留下的痕迹，甚至某个专门做此类新型生意的公司卖给他们的信息。假设保险公司发现你患有非常严重的疾病，你的潜在雇主发现你有与他们不同的某种政治立场、某些习惯或偏好，你就栽在了这个陷阱里。当然，做大数据生意的各大公司都指天发誓说他们收集的数据是"匿名化"的，但实际上绝对没有谁能保证这一点，比如脸书曾经被指控将非匿名数据提供给美国国家安全局。此外，"匿名化"这个词本身就令人担忧，说明数据原本并非匿名，"战略和前瞻委员会"的同一份报告提到：

这些技术的创造者经常设置后门（backdoors），后门允许他们访问所有存储的数据。因此，无论什么数据，理论上都可以被服务提供者访问。此外，2001年9月11日恐怖袭击后美国推出的《爱国者法案》给美国当局直接访问美国公司（和在美国有经济利益的外国公司）存储在服务器上的云数据的权限，不论该公司的位置在哪里。

就是这样，所有欧洲国家和政府首脑被美国政府的耳目大量“窃听”，窃听甚至涉及他们最私人的信息。因此，面对新技术的兴起，我们得反思新的办法，运用尚未成体系的新思维，至少要在这种情况下引入最低限度的伦理调控。此外，里夫金本人也不得不赞同安德森，承认对那些熟练掌握“免费”艺术并且知道如何利用它的人来说，“免费”非常有利可图，因此免费的社交网络（“公共资源网络”）被当作完全以营利为目的的资本主义私营企业一样运营：

2012年，谷歌每天进行30亿次搜索，用户来自180多个国家。2010年，其在搜索引擎市场上的份额是在美国占65.8%、在德国占97.09%、在英国占92.77%、在法国占95.59%、在澳大利亚占95.55%。其收入在2012年突破500亿美元……该网站允许所有人与任何人共享信息，随时随地，无须征得同意或支付费用……不幸的是，一些大型的网络应用程序，如谷歌、脸书和推特，利用这些令其大受欢迎的使用条款来获利，他们将通过其网站传输的大量的大数据出售——买家是商业公司，这些公司要利用大数据来做针对性广告和营销活动，研究开发新商品和服务以及其他许多商业项目。事实上，这些应用程序是将“公共”网络用于商业用途……当用户连接到一个社交网站，用户的重要坐标——而且是在其不知道的情况下，至少到目前为止如此——立即被捕捉、吸入数据仓库、封存和商品化……2012年，脸书的营收总计50亿美元……预计推特2014年的营收超过10亿美元……这些商业公司，想通过把用户信息出售给第三方来实现利润最大化——而用户想利用这些网络优化社会交际。换句话说，这些公司是在像商业公司一样经营这些“公共社交”网络。[1]

这些话说得很对，但坦率地说，我们看不出这个事实如何能证明他的关于“资本主义的终结”的预言！再说一遍，这其实是极端自由资本主义的爆炸，或者更确切地说，我们面对的是打着免费幌子的放松管制和商业资本主义的爆炸（因为自由主义在原则上应该反对垄断，而垄断有利于这种新型经济）。事实上，里夫金的根本错误是混淆了常规和特例。他以为，常规是非营利性共享经济里的免费服务。他确实可以举出维基百科的例子，维基百科的服务没有浏览记录或广告，所以看起来真的是无私奉献，还有很多其他应用程序也是如此，例如，患者自由结成网络分享他们的经验、希望、发现等等。但是，不要把这些特例当作常规，常规是，“免费”只是用于产生利润的手段。无论是里夫金提到的大型社交网络还是优步模式

[1] 杰里米 · 里夫金，《零边际成本社会：一个物联网、合作共赢的新经济时代》。

的创业公司，其最终目标和任何资本主义公司一样还是资本利得，且有过之而无不及。

也许我们可以从中认识到这个时代面临的主要难点之一，正所谓“悲剧性”，即好坏两面不可分割（我将在下一章谈到这个主题），不管愿意与否，我们所有人都无可挽回地卷入其中。如果谷歌能像它所说的那样，通过对比分析万亿数据使医疗完全个性化，设法在未来二三十年内根除癌症，谁会不愿意？谁会“仅仅”（我特意加引号，因为我深知这个词可能被误读）为了保护自由而放弃这一可能性？现在的问题是，这些不可否认的好处需要付出代价，我们不能既要好处又不肯花钱，占尽一切便宜，像意大利人说的玩笑话“酒桶仍满满，美人醉醺醺”。

我们会在后文讨论这一点，在这里让我们继续探讨共享经济的原则和它可能带来的后果。我们来进一步研究这个颇有吸引力但逻辑错误的假说——新型经济会推翻资本主义。

资本主义的终结还是极端自由主义?

我们会像里夫金所说的那样经历“资本主义的最终阶段”吗?资本主义日渐式微,同时人不再需要工作(被机器人和虚拟所替代),从交换沙发(也就是个人之间的公寓交换,解决住宿问题,类似 Airbnb 模式),到众包(共享消费,例如通过拼车,如 BlaBlaCar),到众筹(个人资金合作而不再向传统银行借钱),甚至到(为什么不?)交换爱人,共享爱情,不再占有或独占爱情?这便是里夫金向我们描绘的乌托邦。他的思路是,资本主义的竞争逻辑导致资本主义的灭亡。在这个致命的过程中,竞争迫使企业努力降低生产成本,降低利润。而大数据和物联网的出现,如我们所见,使得个人之间的交流几乎无成本。因此,在里夫金看来,我们将很快进入一个新的社会,这个新社会方方面面的价值观都与资本主义经济人的价值观完全相反。

在这个充满善良、人性的美好世界里:

· 社群主义取代个人主义;

· 使用权取代私有财产;

· 服务取代物品;

· 无形(字节)取代有形(原子);

· 集体智慧取代个人智慧;

- 免费取代商业；
- 可持续取代老化；
- 合作取代竞争；
- 关心和关注他人取代自私自利；
- 分享取代占有；
- 存在取代拥有；
- 长远考虑取代短视；
- 公平贸易取代对第三世界的剥削。

在此无法一一列举，可能还有更美妙的预言……

如果相信里夫金说的话，他的书里有一段极其精练的文字提到了以上所有这些变革（括号内是我的注释），这个新社会将是幸福的天堂，因为：

市场开始让位于网络，所有权变得不如使用权重要，对自身利益的追求让位于对共享利益的向往，个人致富的传统梦想被高质量的可持续生活的新梦想所取代……社会要运转，需要通信、能源和流动性。通信互联网、能源互联网和物流互联网在物联网中结合，让这一系统具备认知神经和物理手段，并通过覆盖全社会的全球公共网络将全人类联系在一起……把人类的所有活动在全球智能网络上连接起来，由此创建了一个全新的经济实体（这里说的就是共享经济）。第一次和第二次工业革命的经济实体依靠的是耗资巨大的能源/通信网络和物流网络，所以不得不建立垂直整合的资本权力集中型企业以实现规模经济。资本主义制度和市场机制已被证明是促进这一模式的最佳制度工具。但是，第三次工业革命（建立在能源/通信/物流网络基础上的四个互联网）的新经济实体性质不同：它需要较少的金融资本、更多的社会资本；它是横向整合而非垂直整合；通过公共网络而非狭义的资本主义市场机制进行运营时效果最好……如果说旧制度有利于在资本主义市场上实现自主的个人利益，新制度则有利于在公共网络上进行深度合作。[1]

以上假说基于这样一个想法——世界的数字化不可避免地导致边际成本为零，并导致利润的终结，第三次工业革命所需要的初始投资少于第一次和第二次工业革命。还是以 iTunes 为例：如我们所见，一旦投资摊销完毕，一部电影或一段音乐的存储和配送成本就为零。换句话说，假如一首歌曲需要销售 1000 份来摊销版权购买、存储和配送成本，卖到第 1001 份时就不再有任何成本。因此，根据古典经济学家所熟知的推理，利润也开始趋近于零，但是，里夫金很快忘了一点，当且仅当每个人都可以这样做的时候，这种推理才是正确的，也就是说，必须有无数边际成本也为零的竞争对手不断涌现。但这种情况是例外而不是常规。有一天在某些能源领域可能会如此。比如在流媒体领域，现

[1] 杰里米·里夫金《零边际成本社会：一个物联网、合作共赢的新经济时代》。

状或多或少就是这样，很多类似 iTunes 的软件在激烈竞争——这正是为什么 iTunes 创立了自己的流媒体网站，因为他们发现许多青年人不再购买苹果平台上的电影和音乐，而是免费（或几乎免费）观看和收听流媒体，这不一定是违法的，只要版权是开放的，或者他们支付了最低订阅费用。

但是，话再说回来，这种情况远远不是常规情况，因为数字企业的头等大事恰恰是制造障碍、“围栏”和“孤岛”，来保护自己不受不规范竞争的威胁（例如，优步就被顺风车 Hitch 抢夺了市场），实现半垄断。要实现这一点，有四个必不可少的参数：体量、供给量、服务和质量的创新（一定要靠专利）与品牌。显然，优步、Airbnb 等已成功地在各自领域实现了半垄断，也就是说打败了很大一部分竞争对手，在边际成本为零的情况下使利润趋近于零，这本身是个特例。再次强调，里夫金的论点只有在每个人都能以零边际成本进行生产的前提下才成立，但是，不可能每个人都是 iTunes 或 Airbnb，因为与里夫金所说的恰恰相反，初始投资巨大，而且风险很大，当一个品牌已经站稳了脚跟且世界知名，与之竞争是非常困难的。

当然，以上这些都可以在现实世界中得到证明，跟里夫金笔下理想化的世界几乎没有相同之处。

正如出色的经济学家夏尔－安托万·施韦雷尔（Charles-Antonie Schwerer）2015 年 10 月 29 日在《论坛报》发表的一篇文章中写道：

共享经济被商品化，远远不是后资本主义者理想中的个人之间的协作，BlaBlaCar、Airbnb 等公司创造了一个超级竞争的模式。这些共享经济平台根本没有偏离资本主义的历史发展路线。用马克思主义的话讲，这种共享（市场）经济进一步增加了资本的营利能力：个人用他的私人财产（汽车或住房）提供有偿服务给他人（驾驶和住宿）。起初，BlaBlaCar 的拼车车费随着乘车人数的增加而降低，现在却是每名乘客固定计费。随着乘客人数的上升，收入增加：跟费用分摊说再见，开始盈利！Airbnb、BlaBlaCar 和已经成为明日黄花的优步是资本主义历史延续的一部分：技术创新带来了新的服务，把商业领域扩展到了“免费”和“非正规”的角落。BlaBlaCar、Airbnb 和优步拓展、简化和货币化了搭便车、交换住宿和共享驾驶。这些非正规和边缘化的做法已经达到了一个市场的规模，现在已经涉及金钱交易！

必须承认：在看过各种关于“资本主义的终结”的胡思乱想之后，读一读这些合情合理的话很有好处。我难以理解那些胡乱的思想怎么能让人相信。认为零边际成本经济即意味着利润的终结，这种想法是可笑的，因为它与现实完全相反，原因很简单：零边际成本导致更多创新，不断重新创造出临时垄断并从中获利——数字经济的每个市场在一段时间被少数公司甚至一个公司垄断。此外，只要在生活中认识几个创业公司的创始人就会知道，无私既不是他们的美德也不是他们的要务。至于优步、BlaBlaCar 和 Airbnb 之类的其他平台的用户，他们的主要动机显然是利益（顺带说一句这是完全合法的），省钱并获得优质的服务，无须通过不必要而昂贵的中介。这在哪一点上不同于资本主义商业精神和经济人的逻辑呢？其实，共享经济把我们带进了一个比以往任何时代都更加粗放、更加激烈的资本主义时代。一个真正的自由主义者会乐在其中，他可以在这个算不上多么新奇的世界里与垄断奋战，没有什么能阻止他，但是不要告诉我们这是资本主义的终结！正好相反，这是超级资本主义，其根本逻辑并没有否定熊彼特（Joseph Alois Schumpeter）[1]提出的“创造性毁灭”，但是将它放大了十倍、百倍、千倍。这也是为什么那些吹捧共享经济的人喜欢用“创造性破坏”来解释这种变化，其实本质并没有变，里夫金说错了，只不过规模变得更大了。

共享经济不仅没有把原来收费的东西变成免费，还把原来属于私人财产的东西也变成了商品，而且与福利国家所提供的社会保障的整个逻辑背道而驰，如施韦雷尔在上面提到的那篇文章里所述：

这些共享市场经济的平台推进了新一轮的低成本经济。瑞安航空（Ryanair）或德国零售商利得尔（Lidl）的逻辑很简单：降低企业的工作量，让个人（客户）干活。这种思维扩散到了各行各业，客户给自己要买的商品扫描条码，取代了收银员；加满自己的油箱，取代了

[1] 美籍奥地利经济学家，以用“创新理论”解释资本主义的本质特征而闻名于资产阶级经济学界。

加油站服务员；自己选择飞机上的座位，不再需要旅行社。数字技术把这一逻辑推到极致：个人可以提供服务（Airbnb 或 BlaBlaCar）、内容（YouTube 或 Facebook）、产品（苹果应用程序），平台将其货币化。

有人可能以为做商业共享的公司的唯一利益就是通过裁员降低成本，其实他们还让顾客承担了一部分工作，而这部分工作不受任何社会规则限制，由此我们可以更加明白，声称“资本主义行将终结”的那一套话语是意识形态骗局，共享经济是放松管制和世界的商业化，施韦雷尔接着还指出：

个人进行生产，其极大优势是没有社会规范和责任：设计苹果应用的极客可以在夜间工作，BlaBlaCar的司机不能休息，Airbnb的住房不符合（供残疾人使用的）标准。个人自付薪酬因此不用缴纳社会分摊金。因此，数字化平台实现了许多企业的梦想，大幅简化企业自身的工作并（大大）降低赋税，胜过政府的任何（收效甚微的）减税政策。提高资本营利能力，开拓新市场，外包给个人，大幅简化和甩掉赋税：共享市场经济是资本主义的一个新阶段。为了包装这个竞争激烈的商业模式，这些平台（恰当地）展现出一种重建社会纽带的形象。

意识形态一如既往地认为有必要在简单而残酷的商业利益逻辑外面描上一层道德的色彩来美化。里夫金用的就是这一套过时的路数，他试图说服我们，他的预言会在年轻的Y世代和Z世代之中被证实，他们身上会出现前所未有的分享和无私的高尚情操。

Y 世代和 Z 世代会比前人更慷慨大方？又是一个大笑话……

这是里夫金提出来的可以支持他的资本主义终结论的主要论据之一：我们祖父母口中的“今天的年轻人”跟我们大不相同，他们更喜欢使用权而非所有权，更喜欢存在而非拥有，更喜欢共享而非占有，更喜欢可持续而非转瞬即逝，更关心世界的未来而非“短期利益”，更关心生态环境而不过度消耗地球，简而言之，他们靠纯净的爱和水活着，彻底摒弃金钱和利益的世界。有了优步、Airbnb 或 BlaBlaCar，利他主义和无私终将战胜个人主义和贪婪。让我们再来听听里夫金大博士的说法：

如今的年轻人在虚拟空间和真实空间里彼此联结，快速消除了最后的思想界限，打破了长期以来资本主义制度中以私有财产关系严格区隔“你的”和“我的”所造成的文化和商业上的藩篱……他们的全新的开放思想打破了那些使人们长期分隔的壁垒……他们的同情心（共情能力）和敏感迅速传递给其他人，如同网络连接全球所有居民。数以亿计的人，我甚至认为有数十亿人，已经开始感觉他人就是另一个我。

好一群年轻人！

可惜的是我的女儿们没听到这个和平主义的好消息，她们仍然为了蓝色短裤或绿色 T 恤的所有权吵个不停！当我看到她们在优步被禁用之后怀念优步，又很快用起了 Hitch 顺风车（跟优步差不多，但因为只允许晚上 8 点到早上 6 点之间使用而没有被禁用）的时候，我怀疑她们并不是出于慈善的目的。我甚至觉得她们根本不在乎这些应用对出租车造成了不正当竞争，不关心必须出钱购买营运许可证的可怜的出租车司机，也不在意这些司机得在晚上加班才能多赚一点点来改善生活。我的女儿们既不比其他年轻人坏，也不比他们好，只不过，她们之所以使用这些新型交通方式，唯一考虑的就是便利性以及价格，其价格比传统出租车低得多。里夫金一再强调，越来越多的年轻人放弃买车而偏爱使用权，比如拼车或 Autolib'[1]模式，仿佛这标志着私有财产的终结，也就是资本主义的终结。但是，这还是一个大笑话，这个所谓的“放弃”显然跟放弃私有财产没有关系，绝对没有任何关系，其实只是因为在西方国家里，城市化程度太高，拥有一辆车已经成为一种难以言说的痛。保险费、停车费、维修费贵得能让人破产，年轻人几乎承担不起，尤其是在大城市。最后但也很重要的一点是，20 世纪 50 年代汽车所代表的那种自由自在、随心而动的美好理想已经走向了反面，这个过程可以说是黑格尔式“辩证”过程：拥堵、各种禁令、车速限制和周日晚上的塞车，汽车当初承诺给我们的流动性和自由变成了一场噩梦。在这种条件下，年轻人不需要一点点无私或关心他人之心就能轻易放弃拥有一辆车的想法，车现在不过是个额外负担，对大学生来说真是

[1] 2011 年 12 月始创于法国巴黎的共享电动汽车服务。

没什么用处!

这还不是全部。

最近美国一项针对 14 000 名大学生的调查研究证明，现实与里夫金所以为的恰恰相反。这项研究是由密歇根大学发起的，依照心理学调查的规则进行了为期数月的访谈，在心理科学协会的年会上宣读了报告，其结论如下:

> 我们发现年轻人的同情心（共情能力）在 2000 年之后发生了最大幅度的下降！同情心人格特质标准化测试所收集到的数据显示，与二三十年前的同龄人相比，今天的年轻人的同情心分数下降了 40%。

其实，该调查给大学生提出的问题是特意设计过的，本想得到肯定和正面的回答，比如:

> “你经常对那些运气没你好的人产生温柔和同情吗？”或“你会不会试着理解你的好朋友，从他们的角度看待事情？”

毫无效果。根据本次调查，大学生给出的否定回答比上几代的调查结果高出 40%，这至少证明现在的年轻人不怕说真话。然而，最好笑的是，研究人员对这一令人失望的调查结果的解释和里夫金说的好听话正好相反——他们说要怪就怪社交网络上盛行的“过度膨胀的自恋”！自恋基本上可以解释为什么现在的年轻人有这种以自我为中心和自我封闭的倾向。显然，年青一代对 Autolib'、BlaBlaCar、Hitch 或优步趋之若鹜，绝不是因为喜欢分享、关心他人、摈弃资本主义和某些人企图用满纸废话兜售给我们的各种荒唐理由。我再强调一遍，刚好相反：他们才不关心倒霉的出租车司机被优步、被黑车撬走生意！也不关心大学教师在课后当优步司机来补贴家用！选择优步，是因为它比出租车便宜方便，没别的！结论：我们很少有机会如此清晰地看到这样一种意识形态的东西显露出来，也就是一整套致力于扭曲现实、给新的经济格局提供一点合法性的说辞，当前这种意识形态就是要把上帝的好孩子说成野鸭子，把疯狂的放松管制说成新的道德楷模。

这还不算完，我们的未来学家还宣布人们很快再也无须工作。这话乍看之下似乎更加严肃。让我们来看看现实是什么样子。

工作的终结？优步会不会杀死熊彼特？

首先要说说两个大行其道的想法，第一个是优步化和数字化这两个概念几乎相同；第二个，所有行业都“可被优步化”或“可被数字化”。

让我们把问题澄清一下：如果说许多行业中的许多重复性劳动可以被数字化，这离所有行业都“被优步化”还差得很远。准确地说：“优步化”并不是数字化，它往往是（但并不总是）指将某种个人财产即“私有资产”放到市场上与已经站稳脚跟的专业公司进行竞争，比如 Airbnb，我把我的公寓给另一个付费的人使用。把我私人的车拿来拼车也是一样。当然，没有数字 App 不能实现这些，但是，这种绕过传统专业人士的商业化运作并不能说是一种数字化。

反过来，将某些非常简单的任务自动化属于数字化，例如给地址文件排序，十到十五年前这项工作是由秘书“手动”进行的，今天计算机可以在不到一秒钟的时间内完成。但是，这并不意味着秘书这个职业像人们认为的那样会永远消失，而是秘书的任务（至少部分任务）将被数字技术自动化，而不是职业本身。也就是说，秘书将继续存在，但他们会负责其他事务，而让电脑去完成机械、烦琐、没有意思的任务。麦肯锡公司的一份报告[1]显示，45%的任务可以自动化，但只有10%的行业可以实现自动化，由此“工作即将终结”的论断是不可能成立的。可能发生的是，生产力提高导致利润下降，同时一些个体对劳动力市场的灵活性缺乏适应力，会引发失业，正如法国现在面临的问题，但这种失业既不是结构性的也不是不可逆的。

因此，无论优步、机器人还是数字化都不可能轻易杀死熊彼特。让我们简单回顾一下实质及原因。

伟大的经济学家熊彼特认为，资本主义的逻辑从根本上说是“创造性毁灭”。换句话说，技术革新使人们提高生产率并不断推出新产品和新服务，但同时也不断破坏就业岗位，一切取决于被毁掉的岗位能否被技术革新所创造的新岗位不断替代。因此，资本主义是一个不停破除的世界，也是一个不停创造的世界，后者抵消前者。确实，对那些留恋被破坏性创新逻辑摧毁的旧世界的人来说，资本主义运动是不堪忍受的，纯粹是负面的和破坏性的。

恺撒的归恺撒，记住，以下是熊彼特在20世纪40年代谈及“毁灭性创造”时说的：

实际上，推动资本主义机器不断运转的根本动力是新的消费品、新的

[1]《职场自动化的四个基本要素》，2015年11月。感谢埃里克·拉拜（Eric Labaye）分享并点评了他负责的这份报告。

运输和生产方法、新的工业组织形式——由资本主义主动性创造出来的一切元素。打开新的国内或国际市场和生产组织形式的发展，从手工作坊、制造厂到美国钢铁公司那样的大型企业都是工业变异过程的一些例子——如果用生物学来打比方——这种变异不断从内部改变“经济结构”，不停摧毁陈旧的元素并不停创造新元素。这个“创造性破坏”过程构成资本主义的根本格局：归根结底，资本主义就在于这一创造性破坏，而任何资本主义企业，不论愿不愿意，都必须适应它。

以上是熊彼特对自己的理论所做的总结，已经初步显露出对革新的抵触、担忧和迟疑态度。当然，革新有好的一面，“进步”的一面。但是，也存在很多固有的不利的方面，与其无情的逻辑有关。经济学家尼古拉斯·布祖（Nicolas Bouzou）将熊彼特的分析放到当今的条件下，写道：

创造性破坏不断动摇社会机体。增长越快，社会动荡得越厉害。但是，如果没有增长，生活水平就不再改善。当然，社会机体的破坏程度与革新浪潮的大小成正比。当美国人所谓的“通用目的技术”（或多用途技术）出现，破坏程度到达顶点。这些技术不仅冲击其自身领域，还对整体经济都产生影响，比如蒸汽机、电力、信息技术和纳米技术。创造性破坏除了带来大规模的影响，还有另一个讨厌的特点：它们需要很长的时间才会产生最积极和最明显的影响。这些新技术刚刚出现的时候，公众看不出什么益处。只有在几十年之后它们的应用领域才显现出来，也是到那时才会带来二次革新、新的就业机会和更高的工资。这就是所谓的“创新综合”。[1]

直到后来“创新综合”出现，人们才能衡量出互联网在多大程度上改变和简化了我们的生活：各种下载、在线教育、信息和商务已经如此发达，以至于除了少数几个以批判现代世界为生的知识分子（不过他们照样在亚马逊网站上销售自己写的书，并在他们痛恨的各种媒体上露面做宣传），现在没有人会想不用网络，就像没人会想不用手机或洗衣机。是的，如布祖所说，创新综合是一个“神奇时刻”，一个不可否认的进步的时代从此开始，但是公共舆论活在当下、没有远见，既不了解也不能先验地理解创新的技术层面，更认识不到它可能给健康、生活水平、就业甚至自由带来的积极影响，所以新生事物一开始在它眼里只有消极影响：社会机体不断遭到破坏，令人担忧的灵活多变，失业增加，机会不均等且难以改行，文凭和高端资历受青睐等——从这个角度来看，创新的破坏性必定超过创造性。

因此，资本主义运动固有的破坏性创新一直伴随着种种反抗，比如 1811 年英国的勒德分子或 1831 年的法国里昂丝绸工人，这些织布工人冲着织布机发火，将它们砸毁，因为从他们的观点看来，织布机

[1] 尼古拉斯 · 布祖，《听见树木倒下，听不见森林生长》。

毁掉了他们的工作岗位（完全可以理解）。自动化本身是一种进步，因为它把人类从重复乏味、毫无意义的任务中解放出来，但在这些工人眼里它是他们的敌人，代表了他们恐惧的失业。也许它能创造新的就业机会（比如制造织布机的工匠），但新的就业机会不是给勒德分子或丝绸工人的，因为这些新机会需要完全不同的技能，也不一定在他们家附近。这就是为什么在创造性破坏的过程中，担忧就业机会被破坏的那些人并不能因为以后会出现新的就业机会而感到放心，因为新的工作机会不适合他们。把以上状况放到今天：法国有大约3000家书店，它们很有可能某天被电商亚马逊击垮，像唱片店一样，大部分书店会被“毁掉”，关门大吉。亚马逊可能创造了其他工作机会，但新的工作机会跟原来的不一样，简单地说：受到电商巨头冲击而失业的书店雇员一般不会去电商那里工作。

由此可看出，勒德分子所谓“工作一去不复返”的老调——革新造成失业——随着GAFA的出现和在全球扩张而卷土重来，在中国也是如此，有电商巨头、亚洲亚马逊阿里巴巴。杰里米·里夫金抓住这个主题大做文章，写了一本《工作的终结》，由米歇尔·罗卡尔（Michel Rocard）[1]作序，此公当年带头捍卫法国出了名的每周35小时工作制。里夫金在这本书里坚称：

---

[1] 米歇尔·罗卡尔（1930—2016），法国政治家，曾任法国社会党第一书记（1993—1994）和法国总理（1988—1991）。

> 发送电子邮件仅需几秒就能到达全球任意角落，劳动力边际成本几乎为零，给所有国家的邮政服务带来了沉重打击。在整个物流业，自动化代替了人力劳动。既是物流公司又是虚拟零售商的亚马逊采用自动导引的智能车、自动机器人和自动化仓库存储系统，可以取代物流价值链流程中的低效手工劳动……现在有了无人驾驶车，这个目标的实现已经指日可待……仅美国就有超过270万货车司机。到2040年，人工边际成本几乎为零的无人驾驶汽车很可能取代美国的大部分卡车司机、自动化机器人和人工智能会迅速取代服务员、白领以及工业和物流领域的劳动力。秘书、图书管理员、总机接线员、旅行代理、银行出纳员、收银员和无数其他服务人员在过去25年里几乎都已不复存在，因为自动化已经使劳动力的边际成本降至几近于零。[1]

因此，一些经济学家支持另一种假说：我们会看到经济在增长而没有新的就业，优步和Airbnb之类的公司兴起，产生巨额利润而没有雇佣劳动，这些App主要在网络上运行，依靠强大的算法，使工作自动化且几乎完全数字化，价格昂贵且难以管理的人力劳动在经济增长中占的比例越来越小。

这也是眼下许多智库的预测，比如战略咨询顾问罗兰·贝格（Roland Berger）在2014年10月做了一份关于“中产阶级面临数字化变革”的报

[1] 杰里米·里夫金，《零边际成本社会：一个物联网、合作共赢的新经济时代》。

告。他认为，与上文提到的麦肯锡报告相反，在法国的就业市场上，“由于经济的大规模数字化，42%的行业被自动化的概率很高”。报告强调，前所未有的是，面临威胁的不仅是手工行业而是所有行业，包括脑力劳动，只要工作的重复性足够高，就可以由机器人或计算机的人工智能来承担。此外，如果机器人或计算机能够击败国际象棋世界冠军或者用自然语言赢得电视智力竞赛节目《危险边缘》，我们想不出还有什么能阻止它们成功地完成打字员、收银员或出纳员的一部分工作。罗兰·贝格称，到 2025 年，由于数字化革新，法国可能有 300 万个岗位消失，这将深深撼动许多中产阶级的生活，因为服务业也会受到影响。该报告非常具体地说明了每一个行业可能受到的冲击，以及冲击的来源（大数据、机器人和无人驾驶车是对就业影响最大的三大新技术）。

不过，这项研究接着举了一些例子来淡化这些悲观的预言（至少对劳动力来说是悲观的）：首先，显然，需要较高创造力的行业不会太快被替代。也许可以让机器人写歌、写体育报刊文章或套系书籍，但这些作品，说得客气一点，不太可能是杰作。医学上也是一样：实验室分析和一些服务（药品配送）可以自动化和数字化，但医生的作用在监控、诊断和治疗策略以及与病人的人际互动方面还是非常重要。其次，可能这才是关键——而且显然问题出在这一点上，这种预测特别不靠谱，我们在下文中会看到——预言里只谈到失业。上面提到的报告不无谨慎地指出：

根据我们的（预测）模型，估计有3万个工作岗位将受到影响。只看这一数据，意味着法国失业率会大幅增长。然而，这只是毛损失，并没有考虑到新商机和新就业机会的出现，也没有考虑提高生产率能带来的回报，还能在一定条件下刺激经济发展。因此，关键在于法国能否产生新的经济活动，弥补那些因生产效率提高而减少的就业岗位，类似20世纪时服务业替代工业的情况。

说得不能再好了，你看，我斗胆说一句，我们又回到了熊彼特的思路。甩掉熊彼特没有里夫金想象的那么容易，里夫金太天真了（或者说太狡猾了，因为这种狂热的意识形态总是让人只挑出现实中符合自己论点的部分说法）。事实上，如果要说得更准确一点，我们必须看到，在法国，目前每天约有10 000个岗位消失，但同时创造了9000个新岗位！两者之差解释了为什么失业率相对上升，但同时也说明差距其实很容易拉平，只要少破坏1000个岗位，或者多创造1000个岗位，情况就会有所改善。由此，我们看到创造性破坏其实并不像“工作终结论”说的那么悲观——当然也不能否认，诚实地说，它确实会带来社会和人的问题：对一个因亚马逊的不正当（在书商看来是如此）竞争而关闭书店的书商，我们该说什么？他管理良好，带着热情和才华工作，却不得不关门停业，是不是不公平，叫人无法忍受？亚马逊创造的新的就业岗位并不适合他，我们说过，无论是从喜好还是技能方面来说都不适合。蛊惑他、安慰他说我们会像禁用优步一样关掉亚马逊，是荒谬的。首先，这是不可能的；

其次，这一措施无法解决任何问题。想阻止进步，如同想用滤茶器拦住亚马孙河一样，都是异想天开。解决方案不在于此，不在于保护失去的就业岗位，而在于人，尤其是终身学习培训，目前这方面的匮乏是法国最大的问题之一。

工作终结的变体：丹尼尔·科恩的增长衰退论

新技术不会带来工作机会的终结，那会不会带来增长的终结呢？我们是不是应该习惯于没有增长的日子，排除思想的毒素，关注质量而不再关注数量，关注存在而不关注拥有，关注古人的智慧而不关注现代人的消费瘾？这是丹尼尔·科恩（Daniel Cohen）在他的新书《世界封闭，欲望无限》里的观点。他的主要论点不是前文提到的1811年英国的勒德分子或1831年里昂的丝绸工人的那种思路——现代机器抢人饭碗，技术进步造成失业。这种论点很容易驳倒，就像我刚刚借用熊彼特来说明，被毁掉的工作岗位迄今为止总是有新的工作岗位来补充。这是不可否认的，但是如果仔细研究一下，科恩就提出，破坏后的创造是有条件的，条件就是当新技术打破旧世界，使其流向新产业，这个新产业必须也多产且正在增长。举个例子，工业化和城市化抽空了农业，使一切流向更高产的工业，所以，这一“流出”是成功的，带来了新的飞速增长。但今天，服务业被优步化、数字革命和共享经济毁灭之后并未流向任何新的高产产业。新技术也许改善了我们的生活，但也毁掉了就业，其所造成的损失并没有足够的补偿。

为了说明这个问题，科恩举了现场表演演员（传统产业B）的例子，现场表演遇上来自好莱坞（技术性极强的新产业A，生产了大量零边际成本产品覆盖全球，在电视上看一部美国电影根本不要钱）的竞争：新产业A抽空了传统产业B，但这个情况跟“农业转向工业”完全不同。1900年，美国劳动力的40%从事农业生产。今天只有2%。这是一种成功的“流出”模式。很好理解：原本从事传统产业的农民迁移到新的工业岗位，工业当时处在生产力增长的阶段。我们今天正在经历的转变与之不同，劳动者之前已经从工业大量迁移到服务业，现在又从服务业流出。问题在于这些重新就业的劳动者情况怎么样，如果他们的新工作停滞不前，例如做比萨外卖，结果显而易见：增长的潜力显著下降。

因此，科恩认为有必要学会没有增长也能活下去。但是，有些经济学家提出了另一种分析，如尼古拉斯·布祖，强烈建议阅读他2015年出版的书《鸵鸟心态》。布祖称，新技术将带来前所未有的经济增长和就业机会，只要理性应对劳动力市场的问题，就能解决失业，瑞士、德国、荷兰和奥地利就做到了。解决方案很简单，无人不知：大量减少失业补助，鼓励失业者回归工作岗位；针对独立工作进行立法，使受雇佣者人数慢慢增加；修订劳动合同，增强灵活性，促进雇工；大幅度减少部门数量；打破35小时工作制，有的行业只需要工作32小时而有的行业需要43小时以上；最后，提供更好的入行培训和主要针对失业者的职业培训。这样一来，新技术既不会破坏增长，也不会增加失业，而将创造前所未有的大量财富和就业机会。

无论这些讨论的结果如何（我不随意在此下定论），至少可以肯定的一点是，面对史无前例的全球商业化和放松管制，调控必不可少。因此我们必须跳脱无结果的乐观悲观之争，虽然这两大论调占主导地位，对把握当前的现实来说却毫无意义。

结 论

监管的政治理念

超越悲观主义和乐观主义

面对超人类主义和共享经济所引发的大规模激烈竞争，有的人认为监管的准则不够激进，过于妥协，过于迁就，总之，太过“社会民主主义”，恐怕有诈。对极端自由主义者即主张“听之任之”的乐观主义者来说，监管是倒退，是回到国家社会主义的旧时代。对宗教人士和希望阻止超人类主义运动和公民社会、以维护“既有社会权利”或复兴逝去的黄金年代的那些人来说，监管显得过于“宽松”。的确，新技术提出了种种极为复杂的问题。在经济方面，还不清楚我们的社会保障制度和传统行业能否抵御来自网络的竞争，这种竞争有时是合法的，但常常是不公平的。我们如何解决越来越多的类似于优步模式对出租车或 Airbnb 模式对酒店经营者所造成的冲击？当它逐渐变得与雇佣劳动旗鼓相当甚至能够取而代之时，我们要如何给这样一种独立的劳动形式一个恰当的定位？要知道，完全禁绝和新自由主义的袖手旁观一样毫无意义。在医学和生物学方面，新技术提出的问题将更加令人担忧，因为我们这个物种的身份——人的本质受到了挑战，先进的基因工程技术可能使其发生不可逆的改变。

但是，监管是民主国家唯一可行的道路。在民主国家，设定限制是非常关键的，但实施起来很棘手，原因绝不简单，而是跟全球化背景之下现代社会的根本结构有关。我在之前的几本书当中已经解释过（在超人类主义运动和共享经济蓬勃发展的情况下，这一反思现在变得尤为重要），全球化的民主国家在这方面呈现出两种基本特点。

第一个特点是民主不仅仅是托克维尔所描述的“条件均等化”，还是一种不断将属于传统范畴的东西推向人的自由范畴的风潮，持续摧毁强加于人的传统和风俗习惯，促使人类掌控自己的命运。这一风潮遍及人类存在的方方面面，在政治、审美、宗教、恋爱生活中，民主国家都向往自主。在这里“自主”需要理解为词源上的本意，也就是说自己设定自己的法则。正如卢梭的表述：唯有服从人们自己为自己所规定的法律，才是自由。因此，政治上，我们从专制过渡到民主制；宗教上，从国家神权过渡到个人信仰；文化上，从《圣经》过渡到世俗作品；在私人生活里，从父母和族人的包办婚姻过渡到自由婚姻。

超人类主义和共享经济实际上不过是沿着这条民主人文主义的内在过程继续往前推进了一步。这两者都是在对抗异化的传统势力：一个用“从运气到选择”的口号来对抗演化过程中的自然彩票，另一个则对抗妨碍个体之间直接联系的一切中介。在这样的条件下，想阻止一切、以保护过去之名扼杀一切鲜活的东西显然是痴心妄想，是在对抗现代个人最本质的民主逻辑，哪怕这种做法是适当的（鉴于各种技术革新带来的益处，这种做法并不适当），也注定会失败。

因此，不管我们乐不乐意，都必须进行监管，防止人类落入古希腊人所谓的“傲慢自大的陷阱”，也就是说给普罗米修斯式的人类划定界限。但是，我们不要自欺欺人。要给公民社会制定规则、维持秩序并限定个人主义逻辑的边界，需要的不仅是一个经验丰富的政府，不仅是一个懂得社会演变规律、社会发生震荡时的风潮和人民的新追求的政治阶层，还需要一个强有力的政府，能管住它声称为之负责的私人领域。问题恰恰出在这里，全球化——其一大特征就是技术科学的普遍通行超越一切国界——给我们带来了一个特别尖锐的问题：面对全球化的市场，公共权力采取的措施政策都是政府 / 国家级别的，也就是局域性的，因此无能为力。国家政府的实际管理效率在慢慢降低。

让我总结一下以上观察的推论。“去民主化”已经是一个现实，我们必须从根本上把握它，才能比较准确地衡量眼下面临的超人类主义与共享经济两大领域的监管问题。

“去民主化”：民主走向其反面的辩证逆转？

起初，民主的古典及现代原则在启蒙运动时期开始发扬光大，让我们以为人类将能够摆脱专制的黑暗时代和旧制度，共同创造我们的历史，控制我们的命运，在政治生活和私人生活上迈入成熟，获得自主。欧洲大陆实现普选，多元化和个人权利的持续扩大，不久前我们还以为民主的承诺正在实现，然而，全球化恰恰会使这希望落空，民族国家的衰落使得那些声称要“夺回控制权”却仅仅依赖国家政策杠杆的“独立主义”反应显得空洞无力。

很明显，这个现实对监管问题有着极大影响，无论涉及经济、生态、道德还是金融。这就是为什么在这种新形势下，确切理解“去民主化”这一过程的性质至关重要。

让我们把以下很寻常的一个观察作为理解的出发点：我们身边的物体，比如手机、电脑还有汽车，几乎每年、每月、每天都在变。它们在发展，功能越来越多，屏幕更大，色彩更缤纷，互联网连接更稳定，速度更快，安全装置也更强，等等。这是全球竞争的逻辑直接产生的结果。它是如此强大，一个品牌若不紧紧跟随这个潮流就注定死亡。不论喜不喜欢，有没有道理，任何品牌都逃脱不了，必须适应。这不是喜好的问题，不是一种可能的选择，也不是一个宏大的计划或一个准则，如果一个企业要生存下去，这就是一种绝对必要，是无可争议的必然。全球化推动不断的创新，使一切人类活动处于持续的竞争状态，因此历史开始与民主理想承诺的发展方向相悖而动，越来越超出人的意志。我有一个常用的比喻，很平常却很易懂：如果要使一辆自行车保持前进不倒，或使一个陀螺不断旋转而不停下，我们必须不断创新、创造、改变、移动，总之，就是不断“进步”，而这种为了生存而奋斗所触发的机械式前进并不一定属于一个宏伟计划的一部分，它不一定具有真正的意义。

当然，我们也受益于它的影响，例如在医疗、寿命和生活水平方面。自 20 世纪 50 年代以来，我们的生活水平提高了一倍，平均寿命延长了二十多年。谁会不愿意——即使是那些反现代的悲观主义者——在住进医院的时候享受到最尖端的技术、最先进的扫描仪和最有效的药物？这并没有问题。问题反而在于民主，就是说人能不能调节和控制自身的历史以及这一历史的终极目的。

正是在对共同命运的控制和共同命运的意义这两个关键点上，全球化极大地摧毁了我刚才提到的自主和自由的理想。只要你愿意花一点时间思考一下“全球化”的初期与我们当前经历的“全球化”之间存在多么深刻的差异，就很容易理解这点。

事实上，全球化是伴随着 17、18 世纪的科学革命才真正开始的。为什么把参照点设在这里？就是因为，在人类历史上，现代科学毫无疑问是唯一（如果不是唯一，至少是第一个）具有真正可信的“全球性”使命的理论，第一个能够合理声称对任何人，无论贫富强弱，无论贵族平民，在任何时候、任何地方都毫无差异的理论。在这个意义上，万有引力定律既具有民主性又具有普世性。在此之前，人类还在鬼神的生活中游荡，如陪伴你我童年的各种耳熟能详的故事和传奇所描述的那样。诚然，以前有宗教，甚至某些宗教自认具有普世性，还有宇宙论和神话、哲学和诗歌，但事实上它们都是地方性、区域性的。它们之中没有任何一个可以理直气壮地自称已一统天下，只有现代科学在惯性或万有引力原理出现之后能做到一统天下。

然而，当今世界与之有了很大区别，在 17、18 世纪的理性主义中，从科学上掌握宇宙的计划还具有一个意义——解放人类。至少在原则上，它仍屈从于更高的终极目标，乃至被视为有益于实现全人类的宏伟目标。当时的人感兴趣的不仅仅是掌握能让我们主宰世界的手段，还有主宰世界之后我们可以实现的目标（如果有），因此当时人对科学的兴趣还不是纯粹的“技术员”式的、“工具性”的，或者仅仅出于对“实用性”的兴趣。对康德、伏尔泰还有笛卡儿来说，通过科学知识和人的意志在理论和实践上主宰世界，并不是纯粹出于对自身力量自恋式的迷恋以及为了得到做主宰的快感。这不是为了掌控而掌控，而是要认识世界，利用我们的智慧来实现一些更高的目标。这些目标说到底不过归结于两个主题：自由和幸福——两个在欧洲出现的新理念，或者说至少是这两种理念的现代形式，也就是说，人文主义、普遍主义和民主的自由与幸福。在启蒙时期的杰出代表们眼中，科学和技术（工业）进步的宗旨首先是把人类从中世纪的“蒙昧主义”枷锁以及大自然的暴虐中解放出来（因此启蒙运动用光来做比喻，准确地说，在当时所有的欧洲语言中都是如此）。换句话说，用科学主宰世界本身不是目的，而是一种手段，以此来实现自由和幸福的民主化——使所有人最终能获得自由和幸福，正如百科全书派所立下的把启蒙运动之光传播到民众当中的宏愿。后来，在19世纪初，国家大型博物馆接过旗帜，带着同样的文化普及的理想，希望伟大作品不再遭受无知者的故意破坏，也不再被深锁于私人博物柜中无人知晓。在知识的推进和共享的背后有一种希望，一种明确而坚决地想要普遍提高文明程度的希望。

而第二种全球化，也就是我们今天沉浸其中的全球化，是一种普遍竞争的全球化。历史的方向发生了根本性的转变，或者说，它失去了意义：不再是为了什么超越凡俗的理想。社会的进步，或者更准确地说，社会的发展，逐渐退化为各个社会组成部分之间自由竞争的机械结果。历史不再被目的因、一个更美好的世界和一个更高的目标所吸引而前进，而是被一些动力因，被唯一的生存的需要、“创新或死亡”的绝对义务强迫着或“推动着”前进。用物理学家的语言来说就是“有意图的”，历史不再属于目的因而属于动力因，这是不争的事实。

要理解现在的全球化与第一种启蒙时期的全球化之间的天渊之别，只要思考一下：对公司来说，不断和别人比较——标杆学习，提高生产力，创新，研发知识并将之应用到工业和经济——也就是应用到消费领域——的需要，已成为生死攸关的当务之急。现代经济的运行规则就像达尔文的自然选择：在全球化竞争的逻辑下，一个公司不适应潮流、不每天创新就注定会消失。正因为如此，技术以惊人的速度不断发展，与经济飞速增长紧密相关，且技术研发的资金支持在很大程度上来自经济的增长。也正因为如此，人类对世界的操控力不断扩大，实际上已成为一个自动的、失控的甚至盲目的过程，因为它不仅超出清醒的个人意志，还超出任一单独行动的国家的意志。它不过是竞争产生的机械且必然的结果。在技术人员的世界里，也就是说，在眼下的全世界（因为技术已经是一种没有边界、遍及全球的现象），人不再是为了变得更加自由和幸福而主宰自然或社会，而是为了支配而支配，为了主宰而主宰。为了什么？不为什么，或者更确切地说，如果不想“落后”而被淘汰就别无选择。

所以，技术人员的全球化违背了与启蒙运动一脉相承的文明理想，从世界的当前状态来看，它既是失控的，又是无目标的，没有任何既定目的。显然，我们既不知道要去往何处，也不知道为什么要去。此外，即使假设法国禁止某种形式的共享经济和超人类主义，禁止人民优步这种类型的App或生殖遗传操作，也没有人能阻止这种做法在法国之外的其他地方存在，在那些没有我们这么多顾虑的国家存在。

通过以上这个简短的分析我们可以得出两大结论，这两大结论与我们的目的直接相关。

第一大结论：“去民主化”（我在前文中已经简要介绍了其主要机制）必须从两重意义上来理解。其一是民主被去除，即全球化产生了一条我们无法掌控的世界发展道路；其二是民主的自我去除，也就是说，民主去除其本身是它自身发展演变过程的一部分。后者是在严格的哲学意义上的“辩证”（这一过程显然是“辩证的”），也就是说，一个词注定——无可奈何且不知不觉地——带来它的反面。民主并没有受到来自外在的威胁或攻击，它产生与其最初向我们承诺的自主和自由相反的东西，是出于它自身的运动发展，尽管各位同胞对这一点感到非常困惑，且无疑都为此十分担忧。

因此，启蒙运动的乐观主义如今渐渐让位于种种说不清的忧虑，在面对某种威胁的时候随时可能集中爆发。一种恐惧和衰落之感开始弥漫，政治生态和一些鼓吹回到旧时代、寻回失落的身份、恢复法国法郎、恢复边境管制——总之回到昔日好时光——的意识形态借此大做文章。在这种情况下，悲观主义迅速上升，想禁止创新、诋毁一切所谓“现代”的东西的意愿随之而来，难道不是很正常吗？作为对这种悲观主义的回应，企业界正在表面上和战术上采取乐观主义，试图炮制出一种解药，难道不是同样可以理解的吗？

世纪矛盾或不可避免的驴桥[1]：悲观主义者和乐观主义者

在一切棘手的问题面前，公共意见“市场”上都分为两派——两种态度。

一边是乐观主义者，他们英勇地支持增长和创新，与阻碍大家“卷起袖子”“迎接全球竞争的挑战”、破坏经济发展的颓废心理和斗志丧失做斗争。他们的言论一般在企业领导人中大受欢迎，而在知识分子面前却完全失败。多少次，我听行业领军人物带着悲伤告诉我，我们多么需要乐观精神来重振希望和对未来的渴望，总之，要重拾信心。这个词一出，其词源（“cum”和“fide”，“带着信心”）就已经体现了企业家们希望每个人头脑里装着的东西。我总是解释道，我非常赞成创新。的确，只有创新才能拯救我们（法国）的经济和社会模式，我们迫切需要从需求面政策转向供给面政策，在我们之前德国已经这么做了。但我还是不得不说两头话，创新，正如熊彼特非常精妙地论述过的，有其黑暗的一面，它不仅（至少在初期）破坏就业，而且还会摧毁道德、审美甚至精神传统。20世纪的欧洲不是白白经历了各种解构，全方位摧毁各种权威和传统价值观，破坏艺术原来的形态和调性，破坏学校里的文明规范。这一现象恰恰使那些站在另一边的知识分子充满悲观情绪，这些知识分子不久前还属于左派，曾经是“进步主义者”，现在却转向颓废的哲学，陷入凄哀的西方衰落论。

[1] 意为笨蛋的难关。

悲观之诱惑或绝望之喜悦

我们怎么可能看不到这一切？现在有无数的书籍在宣告西方文明的失败、民主的自杀、教育水平的暴跌、文明的死亡、社群主义的兴起、社会的原子化、文化的失职、道德底线和地理边界的失守、民族身份的丧失、欧洲深陷于美国式的唯利是图，总之，旧大陆不可逆转地衰落，法国随之倒下。上述诊断并非完全错误——无论如何，对当下的批评总是有些道理——但好像悲观主义变成了一张舒适的床或沙发，智识可以安安稳稳地带着绝望的喜悦在上面舒服地打滚，德国浪漫主义者对此早就有一个词，指这种厌恶一切以至于听到坏消息就兴高采烈并沉湎于此的状态。

如果相信新的悲观主义者的论调，西方从未经历过如此的堕落，从未如此沉沦，精神上无所依托。然而，尽管某些细节方面的见解是对的——是的，我们的学生在某些方面的学习水平确实有所下降，这话不假，但如果不是六八年学潮中左派的错，这是谁的错？今天的悲观主义者大多数都是六八年学潮中的左派——可宏观来看，无论从历史还是哲学的层面上说，这种悲观分析都是大错特错的。

这种分析给人们灌输了种种陈词滥调，但事实是，虽然我们可以吹毛求疵地指出社会现存的这样或那样的缺陷，但是以往的社会从来没有比我们这些国家更柔性、更富足、更保护和更关注人，更重视人们的权利、福利、教育和文化。我再说一遍，在其他任何地方、其他任何时代，对他人的关心——对儿童、疯子、残疾人、老人、男女平等，甚至对公共教育的关心——都比不上今天我们国家所做的。有谁能证明事实不是我所说的这样？有谁能举出一个真实社会的例子，无论在历史上的哪个时代还是在地理上的哪个位置？有哪个真实存在的社会比我们现在的社会更多更好地照顾了自己的公民以及外国人，包括非法移民？有哪个社会建立了一个比我们的孩子降生的这个国家更强大和高效的福利国家？

这还不够好，贫富差距在危机时期再次扩大，办学水平因为六八学运分子那一套愚蠢的教学革新而下降，外部冲突给后殖民欧洲带来的影响使欧洲不得不一直为曾经的殖民地收拾残局，在这种情况下，一些狂热分子还跑来扰乱我们的生活，谁能否认这一切？但是，这一切归根结底是我们的错，是我们自己折腾出来的问题，我们能够也必须解决，正如我们过去一直在做的那样，比如在面对斯大林主义和纳粹主义的时候。在任何情况下，谁能声称，人类在历史上或在其他国家做得比这更好？谁能说出一个实例，举出事实和论据？在法国，极少知识分子有清醒的认识，能像安德烈·孔特－斯蓬维尔那样离开悲观和怀念往昔的软床，不戴变形眼镜来观察现实：

一些人希望通过（这次）危机“回到过去，回到多一点慷慨、少一点自私”的时代。他们根本不懂经济，也不懂人性。回到过去？但是，神啊，回到什么时代？你以为19世纪的社会比较宽松或没我们现在自私吗？重读巴尔扎克和左拉！17世纪？重读帕斯卡尔、拉罗什富科、莫里哀！中世纪？重读历史学家！远古时代？重读塔西佗、苏埃托尼乌斯、卢克莱修！自私不是一个新概念。[1]

没人能说得比这更好了。

应该用理想来批评现实，应该反对实在法呼吁自然法，没人想否认这些，但是还要指明谈的是什么实际和什么理想。然而，尽管我们对我们这个福利国家不断挑毛病，但我们国家的实际情况简直就是人类历史上有史以来最美好、最繁荣的，而我们以理想之名指摘它的种种不是，请允许我再次（一直）怀疑，回到昔日（可是到底回到哪个昔日？）。在法国，我们今天的平均生活水平，不管怎么说，还是比我童年的时候高出两倍，比18世纪高出二十倍。我们的预期寿命比莫里哀的时代几乎增加了两倍，尽管有各种批评，但只要去非洲、印度和拉丁美洲看看就能知道我们民主国家在法律和社会保障方面令人难以置信的出色。在教育方面也是一样，尽管最近几位部长努力在降低教育水平，虽然这很难被那些被歌德称为"永在否定的精灵"所承认，但与农村地区普遍文盲的时代相比，我们欧洲不仅比过去文明一千倍，而且文化程度也提高了一千倍。今天年轻人的焦虑总是让我们垂头丧气，但与过去战争年代的枪林弹雨相比，这种焦虑用平

[1] 安德烈·孔特-斯蓬维尔，《生活的况味及其他》。

庸来形容简直再贴切不过：难道说相比之下，在1914年做一个二十多岁的年轻人、在20世纪30年代做一个年轻的犹太人，或者在20世纪50年代的法国被征兵、不得不去阿尔及利亚体验酷刑的恐怖和殖民的荒诞要更容易些吗？婴儿潮一代可能是现代历史上第一个没有经历过战争的一代。我们欧洲大陆上曾经发生过伤亡极为惨重的战争冲突，而现在的一切难道不是一个巨大的进步？

但这一点也不起作用。

不论如何引证不争的历史事实、毋庸置疑的统计数据，不论如何提醒人们第三和第四共和国时期腐败更为严重，似乎都无法阻止人们有一种西方世界的智识、经济与道德皆在衰退之感。这在右派和左派中都大有市场。右派乐于留恋过去的辉煌——“对过去时代的礼赞”，就像我的老朋友吕西安·热法贡在他的一本同名小书里调侃这句跟人类历史一样古老的陈词滥调一样：在“过去的好时光”里“曾经无限好”，而今天，众所周知，“一切乱了套”。左派则是另一回事，他们有另一套论调，但也是“衰落论”：这是金钱、银行和市场的世界，自由和经济危机最终将我们带入地狱，带到一个贪婪、投机和野蛮竞争为王的世界里。全球化不但不会使我们幸福，还会无视伦理地使穷人更穷、富人更富。

论证因此变得模糊和困难，人们很难摆出事实，找到一些历史或地理上有说服力的例子。声讨目前的弊端、学校的现状或经济危机是很容易的，说出任何一个黄金时代却无比艰难。历史学家所有的研究和他们的大量文献都足以证明，过去的时代在各方面都比现在我们的福利国家艰苦无数倍，受教育水平低很多，也没有这么关心他人。读读历史学家的著作，或者就读雨果和狄更斯所描写的 19 世纪、伏尔泰在 18 世纪写的信件，或者雨果笔下的中世纪或罗马帝国，你就会明白民众的悲惨，普遍的文盲，有权者的自私，穷人的艰辛，战争、酷刑和处决的残酷，病残者和无业者无人问津，大城市的暴力，医院的恐怖，成群结队的匪徒和蛮族。

早在 1736 年，伏尔泰在他的《俗世之人》一诗中就已经开始担忧怀旧的潮流在他那个时代露头，担心人们因为浪漫主义和西方没落论的第一声叹息而认识不到现代世界的好处。因此，他写出了这一首政治上非常不正确的赞歌来颂扬富余，歌颂刚刚起步的发展带来的物质财富，歌颂后来被称为“工业世界”的新世界。这首赞歌反对后来的卢梭，也反对天主教将节俭和贫穷——或者说悲惨和痛苦——神圣化，把悲伤和痛苦作为一种救赎的途径，而救赎并不存在于这个世界，只有在来世才能获得（下文括号内是我对这首诗的评注）：

想要昔日好时光的人，

怀念黄金时代和阿斯特蕾（出自奥诺雷·杜尔菲在 1607 年出版的小说《阿斯特蕾》，故事发生在 5 世纪的德鲁伊高卢），

萨图恩和瑞亚（克洛诺斯 / 萨图恩和他的妻子瑞亚是宙斯的父母，赫西俄德称他们为黄金时代的统治者），

还有我们祖先的花园（这当然是说伊甸园，亚当和夏娃居住的花园）。
而我，我感恩明智的大自然，
它，为了我的幸福，让我降生在这个时代，
被爱批评的人反复诋毁的时代。
这亵渎神灵的时代正合我意，
我爱奢侈、舒适的生活，一切享乐，一切艺术。
洁净、品味、装饰。
任何诚实的人都不会否认，
这时代非常美好，我这不洁的心灵，
在这里看到一片富足，
艺术和好作品之母，
给我们带来丰饶的源泉，
还有需求和新的乐趣。
大地的黄金和大海的宝藏，
陆地海洋和天空的居民，
一切服务于这世上的奢侈和乐趣。
噢，美好的时光，这个钢铁世纪！
富余，非常必要的东西，
将两个半球联通。
你难道看不到这些轻快的船只，
从特克塞尔、伦敦、波尔多出发，

去寻找，去交换，

恒河源头出产的新奇物品，

而我们法国的葡萄酒在远方，

征服了穆斯林，征服了苏丹？

当大自然还处于婴儿时期，

我们的祖先们活在无知中，

他们能体验些什么？他们什么都没有……

可叹的是，伏尔泰在诗中反对的这种悲观主义，愚蠢程度能与之媲美的就是乐观主义，特别是与超人类主义一脉相承的阵发性乐观主义，现在叫“解决方案主义”。

乐观“解决方案主义”的愚蠢

对“解决方案主义”来说，不言而喻，一切问题都能找到解决方案。只是需要一点信心和能量，要当自由派和进步派，用一点点乐观来激活自己，就能找到解决方案。我们已经提到了埃里克·施密特和马克·扎克伯格，他们告诉我们，只要有简单的信念，“如果我们好好做”，新技术将帮助我们解决“世界上所有的问题”。就这么简单！从犯罪、交通事故、癌症、肥胖、饥荒、污染到全球变暖和中东冲突都能解决……这种信念驱动着共享经济理论家和很大一部分超人类主义者以及一切在硅谷的创新者，它有点奥威尔式：一种全社会普遍互联和完全透明的理想，一种要控制一切、预见一切的善意的极权主义抱负。在这个世界里，每个人都可以了解其他任何人的一切，在这个开放的世界里，我们每个人都会——这要归功于扎克伯格通过脸书提供给美国国家安全局的个人资料——被窃听、审查和持续解密。在这个世界里，互联物品，包括我们的体重秤、冰箱和手表，都在持续监控我们的饮食、当天的步数、我们的心跳、胆固醇和诸如此类的东西，使我们的生活完全符合规范。欢迎来到《千钧一发》[1]的世界，来到改善人类和全盘社会控制的新时代！

我已经说过，这种过分离谱的控制欲、这种有时近乎痴癫的技术狂热辩证地转化为它的反面：原本反抗异化的人逐步转向去民主化，我们民主国家的公共力量面对一个新生的、令其难以招架的技术世界无能为力，新技术的世界日进千里，其速度、能量和复杂性大大超出任何形式的民主控制和调节，而市场已经全球化，政策依然国家化，它们对现实的有效控制越来越弱。

我们也许可以从中明白，为什么监管调控乃至现代政治的挑战是如此艰巨。

不过，上述分析不应该导向不作为，不应该导向以下想法：如果因为全球化我们失去了对当前历史进程的把控，我们就无计可施，只能坐以待毙。完全相反，这种客观情况实际上要求我们克服乐观和悲观的矛盾，首先尽最大可能利用剩下的回旋余地，其次在中期目标上要尽可能扩大操控余地，依靠比国家更强大的实体，比如欧盟（如果不是现在这么糟糕的话），来重新控制世界发展的进程，真正做到调控现实。我国许多公民，只要不上极端派的当，都开始明白：尽管新的全球化来势汹汹，公共权力的束手无策（无论是在减少公共赤字还是在尝试提高教育水平、遏制失业、提振经

[1]《千钧一发》（又译《变种异煞》）是一部 1997 年的科幻电影。原文片名 *Gattaca* 是由 DNA 中四个含氮碱基（A- 腺嘌呤、C- 胞嘧啶、G- 鸟嘌呤、T- 胸腺嘧啶）的开头简写所组成。在片中的开头与结尾，这四个字母被特别突显出来。“Gattaca”同时也是片中虚构的宇航公司的名称。

济和清洁街区等方面）不仅源于外部阻碍，还源于我们自己的不足。因此，我们需要的并不是悲观主义或乐观主义，而是马克斯·韦伯所指出的对历史行动之悖论的悲剧意识、勇气、意志力和智慧，以及解决悖论的能力，这也是我们的责任。

请允许我在谈一些关于调控的想法之前简要讲讲悲剧，悲剧和悲观完全不是一回事。如何看待我们当下面临的挑战，我认为悲剧是唯一适合的视角。

希腊悲剧的意义：超越乐观 / 悲观的矛盾，让我们清楚思考这个世界的唯一角度

回想一下索福克勒斯的伟大作品《安提戈涅》，我简短地概括如下：当底比斯国王俄狄浦斯发现他亲手杀死了自己的父亲拉伊俄斯，而他的妻子伊俄卡斯忒正是他的母亲后，他挖掉自己的双眼，流亡到雅典的郊区科罗诺斯，在女儿安提戈涅的陪伴下迎接死亡。俄狄浦斯退位之后，他的两个儿子，厄忒俄克勒斯和波吕尼刻斯，为继承王位争执不下。为了解决争端，他们决定分享权力，轮流当国王。但厄忒俄克勒斯登上宝座之后就不肯让位给弟弟，于是弟弟召集了一支外国军队来攻打自己的城邦。两兄弟最终互相残杀，只剩下安提戈涅，无力面对这么多的不幸。她的舅舅、伊俄卡斯忒的兄弟克瑞翁恢复了他对底比斯的统治，拉伊俄斯死的时候他曾经做过底比斯的国王。根据底比斯的法律，克瑞翁下令给厄忒俄克勒斯举行一个体面的葬礼，因为他为保护自己的城市与弟弟作战。反过来，考虑到波吕尼刻斯的叛国，克瑞翁颁布法令禁止安葬他，违者处死。他的尸体被遗弃在城外，被狗和鸟啃啄。而安提戈涅——俄狄浦斯的女儿，克瑞翁的外甥女，波吕尼刻斯的妹妹——听不进去。她以亲情对抗城邦的法律、以传统和神的权力对抗凡人的权力，她决定违抗克瑞翁的禁令，勇敢地冒着死罪去安葬她的哥哥。

在这场悲剧里上演的是两种法律冲突，人的法和神的法，即国家的理性与人心的情感之间的冲突，城邦与家族之间的冲突。每个角色从他/她自己的角度来看都没有错，克瑞翁和安提戈涅都有充分的理由，冲突似乎无解，正因为如此，对立双方都合情合理却不能两全，所以称之为悲剧。

因此，我想总结一下悲剧的基本特征，以彰显悲剧与悲观的不同。

首先，悲剧处于道德之外：悲剧并不是好坏正邪的对立，而是合理甚至同等的两方的对立——安提戈涅所维护的观点在剧终之时看起来胜过克瑞翁的观点，因为那是神的角度——至少两者都站得住脚而不是不堪一击。正如黑格尔所言，悲剧的每一刻都使完整的人物对立、强烈的个性对立，这些人物和个性都具有包含自身对立面的特殊性，不可避免地接受对手的观点，尽管他们不愿如此，他们不能不以这样或那样的方式与对立面成为同一类人：安提戈涅既是波吕尼刻斯的妹妹，也是底比斯的公民，前国王俄狄浦斯王的女儿，目前的统治者的外甥女；尽管克瑞翁是城邦的最高法官，他也不能抗拒亲情，他是波吕尼刻斯和安提戈涅的舅舅。因此，悲剧是由一系列不同观点之间令人心碎的对抗所组成的，其中任何一个人物，即使他把自己封闭起来，也不能无动于衷。克瑞翁和安提戈涅既不是懦夫也不是浑蛋，他们有勇气、责任心、极高的自尊以及他们捍卫的价值观。

真相是，与今天大部分小脚道德家的看法不同，当前世界发生的血腥冲突是悲剧性的，因为对立双方都有道理，没有好坏正邪之分。

如果我是原籍波兰的乌克兰西部人，很可能会希望我的国家加入欧盟，甚至加入北约；但如果我是乌克兰东部地区的人，属于讲俄语和亲俄的家族世代，几乎可以肯定，我宁愿与俄罗斯联合。如果我是居住在德占区的十五岁孩子，毫无疑问我会反犹；如果我十五岁，生长在特拉维夫[1]，我必定厌恶巴勒斯坦组织。当然，也有例外，比如有些可憎的、恶劣的一般个人冲突，这类其实罕见。因此，比起一群美女英勇捍卫人权的轻巧之举，合情合理的两者之间的冲突即悲剧又似乎更适合现实。

超人类主义和共享经济也是如此。大多数主张增强人类的人是想消除我们的痛苦，他们是出于好意；同样，那些极力反对的人也是出于好意。专业人士与个人之间的矛盾也一样：优步司机认为自己有工作的权利，阻止他的人不仅是错误地干涉了他的自由，还影响了他谋生的权利；同时，出租车司机也要求自己出高价钱获得的运营许可证的价值得到尊重，认为这种竞争不公平。酒店经营者必须支付其雇员薪酬，缴纳社会公摊金，使自己的酒店达到安全标准等，因此他必然不待见那些无须履行以上义务，只需把他的公寓发布到应用程序平台上，而无须操心其他的个人。这里没有人是天使或魔鬼。客观地说，世界被撕裂，所以说是悲剧，因为这属于道德之外的事，只能依靠妥协和调控（或者这两个词的消失，可谁会希望这样？）。重复前文所说的乌克兰的例子，很明显只有联邦制的解决办法才有可能结束内战。

[1] 特拉维夫，以色列第二大城市。

悲剧让我们理解分崩离析的世界，它的第二个特点是：它不仅超越道德，超越善恶，超越乐观和悲观，还使那些关于幸福的鸡汤显得滑稽可笑。现在流行的幸福理论想让我们相信，无论发生什么，无论身处何处我们都能幸福，因为幸福只取决于我们自己，只取决于我们渺小的主观性，只取决于我们每个人在自己身上修炼的智慧和“积极心理学”。正如康德在《道德形而上学基础》中所说：“如果上天希望我们幸福，它不会赋予我们智力。” 对此，福楼拜在 1846 年 8 月 13 日给路易丝·科莱的信中不乏幽默感和理性地补充道：“愚蠢、自私、身体健康是幸福的三个必要条件。但是，如果少了愚蠢，你就绝不可能幸福。”

安德烈·孔特－斯蓬维尔在他的《哲学辞典》里对幸福提出了一个更温和的看法，试图改变我们脑子里被那些贩卖幻想的人灌输的自恋做作。他以康德提出的“我们当中没有任何人能有十足的把握肯定什么能使一个人持久地快乐”为出发点提出，要明白什么是幸福，最好是先明确它的对立面——不幸，这更容易把握。他说，不幸本质上就是当我早晨醒来，我知道不会再有任何喜悦，无论是今天还是在未来的日子里，在任何情况下都不可能，因为我失去了心爱的人，因为我的医生刚刚告诉我，我心爱的人患了不治之症，或者因为我失去了工作，我的妻子离开了我，我觉得自己太老了太累了，没办法从头再来——或者任何你想象得到的能彻底毁掉我们的事情。这天早上，不管你想得对不对，你怎么都高兴不起来，坚信一切都完了。

只有从这个绝对不幸的定义来反推出一个幸福的极简而现实的定义，幸福才可能出现。幸福就是不幸的反面，不是无限或无瑕的宁静，更不是完全而持久的自我满足的状态，而是在早上醒来的时候感觉，我不完全排除喜悦的可能性，在一天结束之前我可能在某一刻遇见幸福的可能性。当然我不傻，我知道这样的快乐将是短暂的。幸福可能是与老友一起愉快地喝杯咖啡，是创造力爆发的时刻，是与我爱的女人一起缠绵，是我的孩子通过考试后的笑容，是我担心的某人的健康结果传来好消息，甚至是很简单的一个美好时刻，在夜晚，在阳光灿烂的露台上，看着世界此时充满温柔与美。

也许有人会说这个幸福的定义不符合我们通常所说的幸福这个词的意思，幸福的概念包含持久性和完整性，指完美至福的状态持续一辈子。早上醒来“简单地”告诉自己幸福是可能的，它可能会到来，这就够了吗？这是不是真的就是我们所说的幸福？那些贩卖十五节智慧课的商人会告诉你这不是幸福，而他们向你承诺的那些才是脚踏实地的。他们为什么能做到？怎么做到？他们向你保证一切都取决于你，且只取决于你，幸福的智慧唾手可得，因为它完全在你，和其他人或世界的状态无关。真是笑话！如果你相信，当然对你有好处，但你很有可能某一天会失望，这种强加的幸福会因其种种制约和无法实现的条件令你痛苦不堪。我宁可满足于另一种较为温和的智慧——没有不幸就足够，宁静的海滩就能开启喜悦的时刻，但必须明白这些时刻转瞬即逝，而且更多地依赖于别的东西，而不是我们小小的自我。因为清醒才能拯救我们，而虚幻的想法总会带来负面影响，我怀疑它们不可能让任何人得到真正的幸福。

最后，悲剧承认命运在我们的生活里起着重要的作用。例如，俄狄浦斯对于发生在他身上的一切是无辜的。他是一个勇敢的人，冒着生命危险把底比斯从狮身人面像的诅咒中拯救出来，他是一个好国王、好父亲和好丈夫。他并未犯下任何过错，而不幸出其不意地袭击了他。对我们所有人来说也是一样。疾病、事故和死亡可以在任何时刻发生在我们身上，无论我们做什么。如同雨水，不论好人和坏人都被淋湿，完全不管我们是什么人。在这里我们也看到，思想史上既有悲剧性的思想家，也有反悲剧的思想家，这一撕裂本身就已经体现了悲剧的一个方面。反悲剧的思想家有耶稣和马克思、佛和苏格拉底，还有凯恩斯和一般的幸福哲学家。在他们看来，任何事情都有意义，一切都有好结果，依靠于人间或上天的救赎。悲剧思想家包括康德、弗洛伊德、尼采、韦伯和熊彼特，他们认为没有阴影就没有光明，没有无形就没有有形，没有不幸就没有幸福，没有永远幸福的爱情。

不要误会：超越道德不是说不道德。有时那些要求悲剧的人犯下的最大失误就是强迫我们在道德和世界的撕裂之间进行选择，就好像我们必须选择其一而别无他路。这违背了精神生活的现象学。在现实中，有时我们遵循且应该遵循道德，要不然如何面对种族主义、反犹太主义和对无辜者实施的无缘无故的暴力？我们怎么能放弃一切伦理，放弃对压迫、邪恶和愚蠢的反抗和抵制？然而，在其他情况下，面对亲人的离世、疾病、生活中的事故、战争的“附带损害”，道德已经没有任何意义，需要的是超越善恶的悲剧。要么道德，要么悲剧？当然两者都可以有！为何要自毁，剥夺自己精神生活的根本，如果不是出于既无意义又无根据的智识上的虚荣？是的，现实中既有道德也有悲剧，它们不重合，也并不相互排斥。有时候，我们做道德评判、愤愤不平，有时候我们理解、流泪，就像希腊悲剧的观众一样。亚里士多德曾说，希腊悲剧的观众同时感到“恐惧和怜悯”。

绝对自由、老大哥或调控

这就是为什么我们要明白，超人类主义与共享经济背后不只是自由主义和去调控化，两者都有解放人类的理想（且不说是绝对自由的乌托邦理想）。他们的确想尽可能地打破传统的极限，在生活的各个领域中都得到自由。

现在我们通过技术摆脱了生物和经济决定论的束缚；我们享有言论自由，可以先于权威发起讨论；无论是数据访问、医疗、开源软件或浏览网页，都无须承担任何经济支出，免费已成为通行标准；摆脱了中介，在病人或个人网络中可以交换商品和服务；通过慕课的在线课程，白天或晚上都可以自由地学习；利用软件摆脱了广告和垃圾邮件；我们不再需要信息专家、记者、出版商甚至打印机，因为你可以从网站和社交网络上直接获得信息，而且现在人人拥有一切自我编辑的手段并可以把书放在网上销售，实现零边际成本。

总之，这是一个全面自主的乌托邦，它既是新技术及其对日常生活影响的形而上学的基础设施，又是新技术的道德理想和最终目标。然而，有些人[1]捍卫完全相反的观点，在技术统治全球的表面之下看出老大哥的

[1] 比如叶夫根尼·莫罗佐夫（Evgeny Morozov）的书《点这里解决一切问题：技术解决方案主义》。很可惜，这本书极其平庸。

影子—— 一种新型的极权主义，且可能很快就会剥夺我们所有的自由。我敢不敢承认自己觉得这两种态度很“悲剧”？两者都合情合理。就像克瑞翁和安提戈涅，他们是如此明显地互补，甚至可能都没有意识到自己与对方属于一个单一现实的两面。显而易见，假如我们不能实施监管，假如我们的民主制度因为赶不上技术快速创新的速度而无法处理世界的裂缝，且不能马上设定明智而细致的限制，绝对自由和老大哥这两个侧面都会存在，后者是因为前者的存在而存在。

政策调控以更高原则为基础：设限，但绝对不毫无根据地禁止

政治界绝不能把这些问题推给现存的伦理委员会，因其合法性和有效性有目共睹，也就是接近于零。必须放在政治生活的中心，例如通过象征性地设立创新部，同时在议会常设专门的委员会，必须显示出不放弃的意愿，不被技术世界远远甩在后面。否则怎么决定允许还是禁止基因工程和经济社会的监管？用什么标准在三个选项中进行选择：按生物保守主义者的要求全面禁止基因操纵；按照大多数人的愿望限制基因操纵，仅限以治疗为目的；还是放宽到以人类增强为目的的基因操纵？但是在最后一种情况下，可以进行什么改善？前提条件是什么？是仅限个别人可以还是所有人都可以？目的是什么？价格是多少？一旦涉及社会整体而不只是个别人，除了知情的政府，还有谁可以合法地做出最终决定？谁能确定这种技术到什么程度会使我们非人化，或者相反可以使我们更加人性化？此外，全国上下通过各个学科的有关专家学者进行的讨论来充分知情，这显然可以起到一定作用，只要人们关心此事并给自己创造条件。

在我看来，这些未来的讨论需要一个基本原则。

实际上，每个人都要明白，在讨论一个主题的时候，关键不是“高声嚷嚷”自己的意见，甚至没有必要有个人的主张（“我支持，我反对”），而应该勇于超越这一切，考虑他人，力求达到包容他人观点的更开阔的思

维。因为在这样的事情上，关键不是停留在意见的层面上。最重要的是要自问我能做什么，甚至我应该做什么，尽量与他人分享自己的想法、信念，因为法律及其普遍性促使我必须这么做。诚然，我有个人的看法，例如我一直支持医疗辅助生育，即使教会谴责这种方式。但是，我反对代孕合法化。但是当我表达了个人的意见（无论对错）之后，问题不会停止于此。只有在我思考这个问题为什么且以何种形式（法律或道德的形式，强制或激励的形式）适用于其他人的时候，它才真正变成一个严肃的问题。换句话说，我们应该更多地思考从个人想法到法律、从主观直觉到对别人的义务的过渡。但大多数时候，我们连想都不想。我们的“亲爱的自我”，如弗洛伊德所说，是那么自鸣得意，他有“自己”的想法就很满足，笃定地认为应该将一己之见施于他人，如此理所当然。但实则大错特错，强迫他人必须有理由，还得有很好的理由才行。并不是因为我反对代孕妈妈，我就必须推出禁止其他人进行代孕的法律。这么做，必须有超出我的主观看法的理由，考虑到全体人类、大局或普世价值。大多数情况下，问题就出在这里。我想用两个跟超人类主义逻辑不无关系的例子来说明这个问题：生命伦理学界长期争议的两件事——绝经后妇女的医疗辅助生育和植入前遗传学诊断[1]。

尽管一些人还存在疑虑，医疗辅助生育已经既成事实：已经有这么多好的病例帮助了很多不育夫妇,使在世界各地共有数以百万计的孩子出生。

[1] 在试管婴儿基础上出现的诊断技术，主要用于检查胚胎是否携带有遗传缺陷的基因。

总体而言，这些孩子活得很好，至少不比其他人差，他们带给了父母欢乐。诚然，有人曾说，甚至现在有时还会说，这些新技术开启了“孩子－物品”的时代，他们是现代医学百货商店里定制的庸俗玩具。但这种似是而非的观点是失败的：每个人都明白，一个父母特别想要的孩子更容易获得一个有利的发展环境，比一些由于父母一时的疯狂或失误而到来却不被期望出生的孩子要幸运得多。医疗辅助生育出来的宝宝是他的父母特别希望得到的。也许一些心理医生会说他们的父母过于希望宝宝出生，但说到底“这并非坏事”。

相反，似乎多数法国人（尤其是法国女人！）反对超过育龄的女性接受医疗辅助生育。但这里就应该应用我前面提到的基本原则：一种个人感觉，不管它是什么，要变成禁止他人的法律，我们必须有一个合理的说法。不能只是我觉得对，别人也得觉得对，包括那些先验地反对我的看法的人。当我禁止谋杀时，即使是犯下杀人罪的人也应该从原则上同意，因为我提出的理由对他来说也可以接受，尤其是当他想到那些他爱的人。然而，我们必须承认，今天在公开辩论中可以观察到，禁止绝经后的妇女采取医疗辅助生育的理由往往很贫乏。例如他们说（我们看到这个说法也经常用来对付超人类主义）自然的更年期就是一个不可逾越的道德边界，坦白说，让我们坦率地说：这个论点是荒谬的。幸亏不是由自然来制定法律，尤其是涉及医药立法时，因为医药的主要目的就是纠正自然的这类有害作用。没有什么比流感病毒和艾滋病毒更自然。然而，不会有任何人会想到要走上这条自然的道路！如果有的人坚持绿色环保主义，要求以自然为规范，那也不过是一种意识形态的选择，在说服别人其有理之前不能成为法律。

还有人说，不可想象孩子二十岁而母亲八十岁。但是为什么男人八十岁当爹就可以，包括采用医疗辅助生育的情况，而女人不可以。即使承认所谓大自然的智慧，立法者有什么理由反对这种完全个人及私人的选择？我不是说八十五岁生孩子是好事，我甚至觉得这是相当不合理的，但如果我们要制定法律，我们就必须思考一切后果，包括这一点：我们是否也禁止男人这么做，如果不，为什么只禁止女人这么做呢？在这些问题上，难道不应该凭个人的智慧解决，而不是让法律深入干涉私人生活，以致变得令人无法忍受？有人强调孩子的利益，也不是没有道理，也就是父母不要过于年迈符合孩子的利益，对于同性父母养孩子的问题有人也援引这一点，声称需要父亲和母亲双方来确保孩子的心理平衡。这也许对，也许不对：我确实怀疑心理学不是一门精确的科学，我们很难证明任何心理学上的假设。我认识不少由单亲抚养长大的人，还有由两位同性家长养大的，还有由祖父母养大的，跟由两个“正常”父母养大的人相比，他们似乎既不比这些人好也不比这些人差。不管我们自己心里怎么想，如果按照这个纯粹心理学的模式来考虑孩子的利益，岂不是打开了潘多拉的盒子？为了孩子的利益，当然不要有酗酒、过分神经质、精神病的父母……我就不往下说了！如果生孩子要像开车一样需要执照，鉴于其重要性，生育执照的标准岂不该远远高于驾驶执照？我可能个人不赞同这种或那种行动，但因此禁止其他人这么做，就从个人的道德一下子上升到了法律，需要慎重考虑。

再举一个例子，比如个人反对堕胎，但在法律上支持堕胎合法化。

植入前遗传学诊断（PGD）也应该适用同样的原则。我们必须清楚地承认这确实是一种优生。植入前到底是什么？在面对某些严重遗传疾病的情况下（例如囊性纤维化），我们现在可以给那些不希望孩子携带遗传病基因的父母提供两种早期诊断的可能性。第一（传统的“产前”诊断）是检测胎儿的遗传性疾病的存在。如果诊断为阳性，它的“逻辑性”结果（我把这个词加上引号，因为你可能认为这不符合逻辑）是流产（因为使用这种诊断的夫妇往往在此之前就从原则上同意这么做）。第二是“植入前遗传学诊断”，它避免了这个问题。它使用体外受精。那么我们首先要获得几个胚胎，然后通过基因检测，确定哪一个胚胎是异常基因的携带者，只有不携带致病基因的胚胎才会被植入体内。依靠这项技术，已经有成千上万健康的孩子降生于世，首先是在英国、美国和比利时，最近几年在西方各个国家（包括法国）开始普及。然而，它招致了两大指责：首先是优生学（称其为纳粹优生学的幽灵，却解决不了任何问题）；其次是指责其带来的“人滑坡”会一发不可收拾：比如进一步改变孩子的性别、眼睛颜色、头发等。

这些观点令公众哗然，它们看似符合常识和道德，但在我看来很不严密。他们绕过了真正的问题，即调控，我们应该在这些方面加以灵活的限制，而不是禁止一切或许可一切。在这里，我们必须明确拒绝“滑坡”论的逻辑错误。其实可以用有效的论据和实际操作来为之辩护，此种治疗方式在我国（法国）基本上还是有所保留的：只有某些医院才可以进行植入前诊断；医疗队伍（在必要时由外部人员协助）与患者沟通商定底线，依照以下原则：植入前诊断可以用于治疗目的，但只针对严重的遗传性疾病，而不是用于所有情况。这一原则可以防止父母为获得自己幻想中完美的孩子而进行治疗，治疗仅仅是剔除患病胚胎，而不是选择“最好的胚胎”。这种职业道德必须与透明度相结合。它必须经过一个严格的评估，以确保遵循总原则。它只是假定我们给相关个体一个基本的信任，且当事人清楚：可以禁止采取此种治疗，如果没有正当理由不会获得允许。在我看来，这是至高无上的原则，在政教分离的社会里处理信仰、宗教或其他问题也应该遵循这一原则。

调控应努力避免的两个陷阱

我重申一下，不要忘记，即使满足一切前提条件，监管一定会碰到两个难点。

第一个难点是调控的地缘政治。显然，面对人类增强的可能性，即使是以治疗为目的，有些国家会没有那么多顾虑，甚至完全漠视共和主义、人道主义和人权传统。恕我直言，在今天的世界里，单独一个国家的调控能有什么意义？几乎没有。ART[1]、PGD、代孕这些先例已经很能说明问题：这在巴黎是被禁止的，但在布鲁塞尔和伦敦却被允许，那法国这么做有什么意义？至少需要整个欧洲统一规则，鉴于目前欧盟的状态，这不会是一条顺畅的道路。

其次，这些问题将不可避免地涉及集体，新自由主义思想——每个人应该自由地决定自己和家人是否进行增强——显然会撞上现实的南墙。因此，正如我上面所说，政界千万不可将这个问题踢给民间社会（尽管民间社会可以起到启迪的作用）。所以，关键是我们的民主国家不能被技术革命的发展速度甩在后面，我们在议会需要有常设委员会，并与专门的部门合作。政治家必须做出努力，投入时间和智力来理解当下的世界，而非沉

[1] Assisted reproductive technology，辅助生育技术。

溺于（今天仍是如此）社会党和自由派之间的 19 世纪的老论战。

调控理所当然应该在公共空间而不是在民间社会中进行，因为民间社会本质上是表达个人利益的地方，显然不利于表达整体利益。最高机构必须重新掌握日渐失控的世界的发展进程。只能靠我们找到调控所需的回旋余地，设立能够做到这件事的合法管理机构——也就是政治机构，但有一个条件：政治家和知识分子必须尽力将公众的注意力从过去转移到当下，媒体不再唱“一切乱了套”的哀歌，不再继续怀旧和纪念，而是真正开始关心现实、当下和我们的孩子不得不面临的未来。

愿这本小书有助于我们找到前路。

附 录

理解 NBIC

超人类革命

LA RÉVOLUTION TRANSHUMANISTE

正如我们在导论中引述有关报告时所说，技术科学领域正在兴起几大变革，且彼此汇聚交融，这些变革将影响人类生活的各个领域，特别是医学和经济领域：纳米技术、生物技术、信息技术（大数据、物联网）和认知科学(人工智能)——被称为NBIC技术——还可以加上机器人、3D打印、干细胞修复疗法，以及不同形式的人机混合。共享经济本身就是依靠其中一些新技术才成为可能，因此它与超人类主义运动所依赖的技术平台有所重合。

这篇附录并没有什么特殊意图，只是向读者指出一些关于四大前沿科技的简单易懂的热点问题，或至少使读者了解到，由正在进行的技术革命带来的哲学、经济、道德和政治方面的挑战。鉴于此，在这篇文章中我将提到一些相关的基本要素以及参考资料，涉及纳米技术、大数据、人工智能、生物外科和基因工程，并讨论这四种科技的发展前景。请允许我在此再次引用洛朗·亚历山大博士在《死亡之死》中的一段我想重申的话：

近几十年来，纳米技术的发展允许我们对一个个分子以及一切可以想象到的东西进行构造、修复。对象不仅仅是一些日常用的物品，也包括一些活体组织和器官。随着纳米技术和生物技术的同时发展，我们身体的每一个器官都变得具有可修复性，部分修复或者全部修复都是可行的，就像许多零配件一样……NBIC 的四个组成部分相互促进。生物学，特别是遗传学，充分利用了信息技术和纳米技术的突破性发展来读取和修改 DNA 分子。纳米技术的发展也从信息技术和认知科学的发展中受益。而认知科学本身的构建，就与 NBIC 的其他部分密不可分。事实上，认知科学将来可以用基因学、生物技术和纳米技术来理解和增强大脑。同时，认知科学能够构建日益复杂的人工智能模式，并且有可能直接连接到人的大脑……由于有数百万具备做出诊断和执行干预能力的纳米机器人植入体内，一旦出现身体问题，这些纳米机器人会在第一时间通知我们。它们将参与人类的体内循环，帮助清洁动脉，并且能够排出细胞代谢的废物。这些由程序编写的医疗机器人可以破坏病毒，杀死癌细胞。

这里提到的学科之间显然有很大不同。纳米技术方面的专家、遗传学家、经济学家和一个精通算法、大数据分析的程序员做的当然是不一样的工作。他们既没有相同的教育经历，也没有同样的知识技能，因此把这些学科简单联系在一起，仿佛它们的汇聚是自然而然的，这并不十分恰当，一点也不合适。但它们日益需要更多的某些形式的跨学科联合。举个例子，显而易见，如果没有信息技术的进步、大数据的推进、物联网和人工智能的发展，没有处理万亿数据能力的网络，就没有共享经济的诞生，没有实现基因组测序的可能；没有拥有光速处理能力的 App 来处理由互联物品发出的多得令人难以置信的信息，就没有优步，没有 Airbnb，没有 BlaBlaCar。洛朗·亚历山大的假设是——但他显然不是唯一一个这么想的人——这种技术的加速汇聚，会使所有这些不久前还难以想象的技术革命以超乎我们想象的速度发生。这就是为什么我认为哪怕是以最简单的方式理解一下这些技术的基本概念也是有用的。

什么是纳米技术?

NBIC由“N”开头，那这个有名的“N”代表什么呢?这个彻底改变了传统物理的学科带来了哪些潜在的影响?在2004年发表的关于纳米技术的长篇报告中，英国皇家工程学会和皇家学院对纳米技术做出了如下定义:

纳米科学对现象和材料在原子、分子和高分子尺度上进行研究和操纵，其属性与在更大尺度上观察到的属性有很大差异。

艾蒂安·克莱因（Étienne Klein）在他的书《纳米技术小爆炸》中指出（非常推荐读者读一读这本书），对纳米科学下一个完美的定义是不可能的，因为现在纳米科学或者纳米技术所涉及的领域多种多样。他建议使用三个标准来定义纳米科学:（1）空间尺度即纳米尺度;（2）材料在纳米尺度下表现出相当惊人的独特属性;（3）使用特定的仪器来观察和操纵，甚至制造纳米尺度的机器。

为了解释清楚数量级的概念，我们必须记住，一纳米代表一米的十亿分之一，这个比例和一个榛子的直径比上地球的直径类似!尽管呈现一纳米长度的物体有些困难——为了描述得更具体一点，一个一纳米长的物品仅仅是头发厚度的五万分之一——然而，在这个数量级下，材料的性能显著区别于牛顿物理学对“宏观世界”中日常物体的描述（“宏观世界”的对象则是我们每天见到的物体）。主要因为第一眼看上去它是自相矛盾的，也就是说，和人们普遍认为的相反，一个物体越小，它的表面积其实越大。而这会大大增加它与其周围的物体发生联系的可能性。

理解了这一点，才能把握纳米尺度下的实物表现出的特性差异，因此艾蒂安·克莱因举了一个例子：一盒普通的糖，即一个方盒里装着若干白色的方糖。用这个例子，我们立刻就能明白为什么大物体（糖盒）的表面积比小物体（方糖）的总面积小得多。换言之，如果将实物分割成越多份，那么它的表面积就越大，它与周围其他物体的联系就有可能发生更多变化。例如，如果是药物，这可以根本改变药物的效用，因此在宏观尺度下药效极好的药物，在纳米级别上可以成为毒性极强的毒药！因此，纳米科学的研究引发了人们的担忧和不断的争议。艾蒂安·克莱因对此指出：

纳米微粒是否有毒性确实无法断定：在纳米尺度下，物质具有不同于我们所了解的宏观尺度下所表现的特性，因为其表面积随着用量的增大而成比例增大。纳米级物质的特性也根据纳米微粒的不同形状而变化，与宏观尺度下的情况不同的是，需要从毒理学角度对其进行特殊分析、计数和检测。例如，由于纳米微粒尺寸小，它们能够穿透某些组织或某些细胞的膜，对人体健康造成目前仍然无法评估的风险。[1]

所以，你可能会问，为什么人们如此热衷于研究纳米科学，趋之若鹜，以至于有些研究人员到头来悲叹说，如今想获得科研资金的话只需在项目介绍时加上“纳米”二字即可。为了理解这种情况，我们一定要回到纳米科学定义的第三个标准，即特定的仪器：隧道显微镜是由两位物理学家——格尔德·宾宁（Gerd Binnig）和海因里希·罗雷尔（Heinrich Rohrer）——耗费30多年心血设计的设备。这两位发明者因此荣获1986年的诺贝尔物理学奖。

下面是艾蒂安·克莱因所说的话：

这个仪器将开启发生在我们眼前的一流技术革命……它不仅可以形成单个原子的图像，还可以让我们任意操纵单个原子并对原子进行移动，这在历史上是第一次。通常，当我们轻触一个物体，例如一支笔，我们手指上数十亿的原子和物体上数十亿的原子接触，一片混乱，物质表面的原子以肉眼不可见的方式相互碰撞、混杂在一起。多亏了隧道显微镜的发明……我们可以轻轻地一颗一颗地将原子排列，构建新的物质结构。

---

[1] 艾蒂安·克莱因，《纳米技术小爆炸》。

这就是为什么在工业领域里，这些新技术的应用前景几乎是无限的。比如可以通过创造各种更轻便、更坚固、更优质的材料来提高太阳能电池板的效率，以此实现电池容量的提高。再比如，一些纳米面料可以存储人体的能量并将之转化成电能，从而让每个人不断地为自己的手机充电，甚至为心脏起搏器提供电能。只需要举一个例子——不过这个例子可能对超人类主义思想的诞生产生最大的影响，在我们想象得到的理想化的水平下，可以根据明确的结构来塑造物质，更好地利用纳米物体的特性，并造出洛朗·亚历山大提出的那种“纳米机器”或“纳米机器人”产品。在未来，这种纳米机器人不仅可能发现我们身体失常的部分，甚至可能在必要的情况下立刻发现问题。让我们再次听听艾蒂安·克莱因怎么说，他是一位不关注科幻只关注现实的科学家、崇尚批判精神的物理学家，在他那里我们不会被任何科技狂的妄想所“引诱”，尽管如此，他承认纳米科学在医学领域可以带来若干不久之前还不可想象的潜在可能性。

当我们将健康、医药和纳米技术联系起来时，我们马上就会想到“纳米医学”，这是非常具有发展前景的高科技新领域：它的诞生带来了对疾病有靶向性、调节性的治疗以及各种迷你假体，今后完全可以在大脑或人体里植入人造纳米级机器，用以治病……我们可以考虑研制定向治疗病变细胞的纳米级药物，通过使用纳米级载体来输送药物分子或一些维生素补充剂，送达靶细胞或器官。这方面，有很多人在研究如何将其导入食物而保持食物的味道和口感不变……我们甚至可以考虑研制由单个原子构成的

“终极”纳米机器……这样的科技革命显然挑战了我们对自己的本质的认识：技术与自然，一个是死的，一个是活的，我们希望以什么样的比例将这两者混合在一起?

至此，我们可以理解为什么NBIC里的“N”在超人类主义学说的阐述中排在第一位。同时，我们还明白科学与意识形态之间的差异在日益加深，作为意识形态话语依据的科学现实有可能被人操纵，以达到独断专行的目的，甚至纯粹为了商业利益。

生物外科的新突破：DNA“剪切－粘贴”技术

纳米、生物、信息、认知四大领域是世界公认的21世纪最前沿的技术，而如今正是生物技术发展的蓬勃期。我们现在来谈一下“NBIC”中的“B”，即生物技术领域。

在2000年，人类成功测出第一个人类基因组序列，我要提醒一下，当时这项工程花费了近30亿美元，而如今只要3000美元左右就可以做一次检测。也许到21世纪末，DNA检测的花费连100美元都不到，并且通过这样的检测我们可以及时发现基因的任何异常状况，而DNA检测也会变得就像我们如今的验血一样普遍与简单。但是生物技术的关键性突破并不是DNA检测的成本问题。最近研究人员研究出了一种名为Crispr-Cas9[1]的基因敲除法。看名称似乎方式很粗野，“剪切－粘贴”我们的DNA，甚至进行混合，就像通过文字处理器纠正拼写错误或者移动句子一样容易。有了这个技术突破，通过生物外科技术，几乎所有的不可能都能成为可能。比如说，

[1] 此缩写的全称是“Clustered Regularly Interspaced Short Palindromic Repeats”，看起来也不容易懂，而Cas9不过是说该物质（细菌核酸内切酶，一种可以切断DNA的被称为Cas9的蛋白质）与蛋白质9相关。

可以任意将一个基因的表达关掉或打开，可以修改、删除、混合基因。显然这种技术给基因工程提供了无限的可能，即使这些愿景还未在人类基因工程的领域中转化为现实。这里我给大家看看阿兰·菲舍尔（Alain Fisher）先生——法兰西学院教授、遗传性疾病研究所所长——在2015年12月10日接受法国杂志《新观察家》采访时的有趣对话：

阿兰·菲舍尔：Crispr-Cas9是生命科学领域的重大技术飞跃，也许未来对基因治疗领域来说也是一大突破。我们已经知道如何修改和剪切DNA，但还不够精准和容易。

问：如果我们改变生殖细胞会发生什么？

阿兰·菲舍尔：这个问题问到点子上了。之前确实有人提到过，为什么不修改具有疾病风险的人类胚胎？因为这没有意义。通过体外受精，胚胎植入前运用遗传学诊断技术识别患病胚胎，这样一来一对有风险的夫妇就可以生出一个健康的孩子……因此，修正携带疾病基因的胚胎并没有意义！

当然，在当前形势下，菲舍尔教授是绝对正确的，但也必须记住的是：第一，关于允许胚胎植入前遗传诊断（PGD）的争议是漫长而艰难的，可以预见到这个技术的合法普及会遇到许多阻力，包括宗教层面，但又不仅仅来自宗教。左派里的很多人认为它是纳粹黑暗时代的“优生学”的死灰复燃。我对此有所了解，因为从20世纪80年代后期开始，我参与过不少关于PGD的讨论，特别是与勒内·弗莱德曼（René Frydman）一起在《世界报》上发表了多篇关于胚胎筛选的文章，指出在胚胎携带疾病的情况下，比如说患有先天性黏液稠厚症，应当对胚胎筛选予以批准。此外，抛开有用或无用的讨论，虽然我们可以更容易地进行PGD操作来取代生殖基因操纵，但是从科研层面来看，生殖基因操纵属于一个完全不同的方向，其危险性远远超出PGD，甚至令人恐惧，因为它的结果会传递给后代。不过正是因为这一点，如果要完全根除某种带病的基因，这种方式会更彻底、更有前景。此外，阿兰·菲舍尔尽管反对这种假设，但或许是为了最终排除使用这项技术的可能性，他不禁提出以下问题：

我们自身基因的变异是带来心血管疾病、癌症等风险的因素……例如，CCR5基因是让艾滋病毒进入人体的受体。在极少数人的身体中，这种基因会发生突变，使之抵抗艾滋病毒的感染。难道我们不能让每个人的CCR5基因都失活，使大家都具备抗感染的能力？那会是个庞大的工程，因为必须修改所有胚胎的基因组。我们能确定这种修改不会对身体造成伤害吗？CCR5基因还有助于免疫系统抵御某些病毒感染。我们有权修改后代的基因组吗?

这些确实是问题，至少是超人类主义关心的问题，拥护者们显然会做出肯定的回答，只要采取预防措施，在动物身上做实验，就可以避免负面结果，等等。但是，这可能吗?我们可以控制一切吗?阿兰·菲舍尔以不点名的方式批评了超人类主义者，这完全可以理解，也代表了很多人对超人类主义所持有的合理的保留态度:

在一些人的憧憬里，这种技术也可用于增强人类的机能:能够跑得更快，感觉更敏锐……但我们真的想获得这些吗?医疗界则有不同的目标:在天生条件容许的范围内使人类达到寿命最长、状态最佳。如果我们用这些新技术来拯救一个两岁孩子的生命、治愈一个身患癌症的成年人，再好不过。但延长所有人的生命，使之超过一百年，在我看来是不合理的。难道我们愿意生活在一个全是老人的世界里?

菲舍尔的论据既有力又无力。说它有力，是因为操纵生殖基因的危险无法估量，它所带来的负面影响还是个问号，奇爱博士[1]们的鲁莽

[1] 奇爱博士（Dr. Strangelove），出自1964年出品的经典黑色幽默电影《奇爱博士》。该片剧情荒诞，讽刺了20世纪60年代美俄冷战时期国际政局荒谬、不安的氛围。影片中，奇爱博士提出用怪诞的方法解决世界末日问题。

令人担心；说它无力，是因为不能断言我们永远无法控制这些不良后果，不管是从科学角度还是从道德角度来看，生物技术的发展（先验地说）无止境；说它无力，还因为一旦部分国家选择走上这条路，其他国家便不会熟视无睹，而是会采取同样的策略发展生物技术；说它无力，因为人们总是有延长寿命的愿望，而这样的愿景无疑也包括了提高生命的质量，人类长寿的欲望不是伴随长久的衰老期，而是拥有永恒的青春年华。显然我们还做不到永葆青春，从现有的知识水平来看，我们还有难以逾越的障碍，但没有人能断言这个梦想永远不会成真，也无法断言大自然设定的寿命限制必然与伦理层面上对寿命的期望一致。

请允许我再次强调，因为它实在至关重要。自然是事实，但不是规范，是有形的天赋，不是伦理价值。如果我们能够健康地活过一百年，如果我们有一天能够解决这种情况肯定会带来的人口、经济和政治问题，我不明白为什么我们只是因为“这不自然”就要先验地剥夺选择的权利。此外，纵观医学史，一次次的医学突破难道不是从根本上以一种漠视道德的姿态与自然选择的“瑕疵”做斗争？如果必须严格遵循自然，我们是不是将基因传给子女之后就应该离开这个世界？我们现在的平均寿命是80岁，难道不是因为我们突破了极限，与达尔文的严酷自然选择做了顽强斗争？那么，谁能够下定论说人的生命进程该在什么时候停止？什么年龄的人就可以去死？对于这个问题，每一个人都有自己的回答，但看看我的周围，随着我年事渐高，身边开始出现越来越多的老人，其中一些人是我的挚爱。

我意识到很多年长的人依然渴望继续活着，一点也不想离开这个丰富多彩的世界，在我看来这样的想法毋庸置疑是合情合理的，对他们的遗产继承人来说也是如此，不过有些继承人可能希望他们的等待也有结束的一天。

什么是大数据？

现在让我们来看看缩写“I”，即信息技术。首先，什么是大数据？从字面上看，它是巨量的原始数据或者已经结构化的数据，包括公开的或非公开的，在全世界范围内所有网络中流转的电子邮件、短信、我们在互联网上的浏览记录，包括通过谷歌或在社交网络（脸书、推特、领英……）上留下的互动信息（音乐、照片、短信等），还有越来越多的互联的物体都在源源不断地发送大量信息到互联网上。在过去的几年中，这些电子数据的数量暴增。今天已经不能以“PB”（10的15次方字节）甚至是“EB”（10的18次方字节）为单位来计算，而要以“ZB”（10的21次方字节）为单位来计算。为了让大家对互联网上不断增加的巨大数据量有更好的理解，我打个比方，1PB相当于大约20亿张中等分辨率的照片！

我们可以想象，所有这些数据的存储是巨大的问题（至少对想要存储数据的人来说是个问题），由此诞生了所谓“云计算”的概念，在“云”中存储，即在我们终端的外部“数据中心”存储，它能够提供高效率、低成本的解决方案。并对数据进行进一步分析：从数据中可以提炼出怎样的信息？可以赋予它们什么意义？关于消费者的期望、不同人群的喜好以及他们的健康、出行、旅游、消费方式、政治倾向，他们会参加哪些协会、属于哪种意识形态甚至牵涉何种恐怖主义活动，我们可以了解到什么？从大数据中提炼出的信息种类多得无穷无尽，如果知道如何使用它们，大数据就可以用来解决各种问题，比如治疗流行病、自然灾害防范、保险金管理和打击犯罪，还有人类基因排序、航空管制、公路交通管理、自动驾驶汽车、对抗癌症、对病患或不能独立生活的老人进行家庭监护，分众投放广告，乃至选择和追踪竞选活动中某一候选人的团队组织活动的有效性！大数据确实有很多用途，可以给我们的生活带来很多帮助，但是另一方面，它可能会被用于一些不正当的用途，如网络恐怖主义。这是个数据分析的问题，“数据挖掘”（我提示一下，所有专家目前使用的术语都来源于英语和美语，这绝非偶然）的问题，从数据中提取意义的能力的问题，而这些能力取决于算法的选择，算法能够让一开始不成形的一大堆数据中的有用信息显现出来（即使其中的一些数据已经结构化，也或多或少具有一些意义），因此“数据科学家”的工作在一些领域变得十分重要。

概括地说，人们已经习惯通过一系列的“v”字母来表明大数据的特征：体量、速度、多样性、价值（根据英文的拼写方式）。体量，我们之前已经解释过；速度，因为每一秒钟有百万的数据堆积着，现在必须进行实时分析；多样性，涉及照片、图像、多媒体内容、电影、音乐、地理信息、医疗等，不仅包含文字信息，还包括对数据进行加密；最后说到价值，对它们的分析在一定情况下有非常大的价值，不仅仅是商业价值（考虑到广告和受众用户），还有“精神”和政治方面的价值，特别是涉及打击犯罪，处理意外事故，治疗疾病，帮助照顾孤立群体或对不幸受害群体实施救援的情况。

当然，信息技术的进步也存在阴暗面（但毕竟这些进步不可否认而且很有用，尤其在医学领域）：它会威胁我们的私生活，比如反恐斗争中大规模的窃听。为了获得大数据所带来的益处，我们愿意在牺牲自由和私人生活的这条路上走多远？老实讲，这里还有另一个问题：这是否还取决于我们的个人选择甚至政治选择？因为无论如何，我们放在网上的信息今天都已不是保密的。留在信息化世界中的一切信息，我的意思是所有的一切，我们的电子邮件、短信、通过联网设备发送的信息、网页上的浏览信息或社交网络的信息都是可以被破解的，要么就是已经被破解了。

我们天真地以为这些数据是私有的、保密的，例如我们在互联网上的浏览信息（不断通过“cookies”被追踪）、安装在我们个人电脑硬盘里的传感器、联网的电子表和体重秤发送至网上的信息，其实它们都极有可能被公开到现在所谓的“开放数据”中，以逐步向其所有人提供所有个人信息或者公开信息数据以供分析，没有任何法律或经济条件限制。很容易理解，这一开放过程对很多公司（了解客户需求进而满足顾客需求）及许多组织（如保险公司）用处极大，但在保护个人隐私方面会带来相当多的问题。

例如，今天医疗信息的保密变得十分困难。尽管你只是向你亲近的人、亲属、家庭成员或朋友吐露了对健康担忧的心声，而他们并没有恶意，只是在社交网络上向另一个你亲近的人告知这一消息，但从这个时候开始，事情就变得不可挽回了，信息有被公开的潜在可能性，比如可能被你的医疗保险公司破解并对其进行利用。大数据分析可以带来益处（对一部分人来说）又可以带来不便（对另一部分人来说），这仅仅是我们可以预见的几十个例子中的一个。

让我们来总结一下大数据的负面影响（不过还是有必要将负面因素与正面因素放在一起全面考量）。至少有五个原因表明匿名性和保护个人信息在很大程度上是一个圈套，无论CNIL[1]和相关部门做出多大的努力。首先，要知道代表我们电脑信息的IP地址就像电话号码一样透明：有人想查的时候，它就会显示这台机器的可能用户的名字，尤其是将之与任意定位数据对照时，几乎不可能躲过任何身份搜索。其次，要知道有很多简单、价格低廉的软件能够进行电话窃听，破解我们所有的电子邮件和短信。不要忘了，我们的前总统曾被政府部门窃听，尽管对外称设备是“安全”的（我说的确实是政府，因为不可想象连司法部长都对这些窃听不知情，难以想象他没有告诉首相，而首相有义务提醒总统）。再次，我们也必须知道，在2001年9月11日的恐怖袭击事件发生后，美国有关反恐怖主义的法律（著名的《爱国者法案》）允许有关主管部门无须特许便可直接访问所有美国公司存储的云端数据，当然也包括那些不在美国本土的美国公司。欧盟委员会曾严厉抗议，质疑这一立法的合法性，试图建立欧盟数据存储系统（这也解释了“仙女座”项目成立的起因），但最终项目没有进行下去。首先，美国方面依旧无动于衷；其次，在任何情况下，运用不同云端的公司自备的“软件后门”，执法人员依旧可以访问这些本应被保密的数据；而且，因为在任何情况下也不能保证这些系统不会在某一天崩溃，就

[1] CNIL，法国数据保护机构——国家信息与自由委员会的简称。

算它们每天经受成千上万次的试验来达到这一目的！最后，让我们明确一点：大数据涉及的经济利益十分巨大。为了说明这一点，举个例子，特别是在美国，已经有越来越多的公司从事数据收集、存储和贩卖。这些数据对其他企业在明确客户定位、了解客户需求、进行广告宣传等方面十分重要。因此，正如我们在前面的章节中所提到的，2013 年 11 月由战略和前景委员会发布的大数据专题报告指出，Axiom 公司在 2012 年通过贩卖数据获得了超过 10 亿美元的收入，它声称自己掌握全世界超过 7 亿人的数据，平均每人 1500 个数据！

认知主义：低级人工智能向高级人工智能发展?

简单解释一下最后一个缩写字母“C”，即认知科学。在这里，我们必须区分清楚什么是已经成为现实的所谓低级人工智能（AI），什么是依旧存在于幻想之中的高级人工智能（在我看来永远都无法实现，而大部分人工智能专家和我有着不一样的观点）。粗略地说，高级人工智能是一个高级智能机器所具有的智能,这个机器不仅能够模仿人类智慧的外在形式，而且确确实实具备两种到目前为止有且仅有人类具备的东西（或者说至少只存在于智商较高的生物体中，比如猿和高等动物可能也具备这两样，只不过其水平较人类低一些）：自我意识和情感——爱恨、恐惧、痛苦和快乐等。

低级人工智能仅停留在解决问题的层次上。它可以模仿人类的智慧，但仅仅是机械模仿，是纯粹对其外在形式的模仿。到目前为止，仍然没有电脑能通过著名的“图灵测试”，这就是证明。图灵测试是英国数学家设计的，在实验中，一个人与另一个他不知道是计算机还是人类的“隐藏”实体进行对话。计算机可以模仿人类的对话，但充其量就是一个糟糕的精神分析学家，听到“妈妈”这个词，就对您说“您的妈妈，哦，当然，您可以随意联想任何东西”诸如此类的话。对话进行一段时间之后，电脑显得越来越古怪，越来越愚蠢（必须承认），即使是最天真的参与者也会意识到他是在和一台机器进行对话，从而结束这个测试。

尽管如此，大多数认知科学家相信，终有一天我们会成功制造出类似于人脑的机器，电脑自己可能会有意识，还可以产生情感，然而很多生物学家认为必须拥有活的身体才能拥有这两个属性。我们先验地倾向于支持生物学家的观点，除了少数高级人工智能的拥护者。他们以唯物主义一元论为根据，称大脑本身只是一台机器，和其他机器没有区别，只是更复杂而已，不过是由有机材料构成，总有一天我们可以完完全全地复制出来，甚至将人与机器结合。这种结合技术正在成为现实，比如人工心脏，它确实是一个机器，但其表面包裹着生物组织。

因此他们产生了以下想法（在我看来是幻想）：某一天智力和记忆也许能够存储在一种 U 盘里（或者几十年之后出现的类似产品），从而制造出真正的智能机器，也就是说，有自我意识和情感的机器。我们可以看到，一个从低级人工智能悄悄走向高级人工智能的乌托邦式幻想就这样出现在数学家、计算机专家、唯物主义论者的世界里。因为，机器现在可以做到——至少他们这么认为——人类可以做的几乎一切事情：它们是自主的，其自主程度差不多和人类一样，它们可以做出决定、学习、改正自己的错误、复制，很快就（变成乌托邦式幻想）会成功通过图灵测试。因此，库兹韦尔提出，人类可以与这些新的实体结合，从而实现长生不老。

我敢断言，他们突然对唯物主义哲学重新感兴趣，会遭到很多严肃的反对。

当然，如果我们只是简单地从“行为主义”的观点来看，仅仅从“外部”来判断这些机器，他们与真实的人类之间的区别可能有一天会难以分辨，甚至根本无从分辨。虽然目前还不是这样的情况，也不是没有可能有一台机器会在某一天成功通过图灵测试。但是，什么能够向我们证明这些机器具有“真正”的自我意识，有“真正的”情感——爱恨、欢乐与痛苦？机器模仿人类模仿到完美无缺也不能证明它不只是一个复制品。除非陷入被害妄想，否则声称这些机器有情感，但是它们却无法证明这一点实在很荒谬。尽管这些机器可以完美地模仿生命，它们也并没有生命，还比不过一只不知道自己在说什么的鹦鹉。有人说，大脑本身只是一台机器，剩下的是存在于大脑外部的思维。有一点需要弄清楚：必须要有一个大脑，还得是一个聪明的大脑，才能像牛顿一样发现万有引力。这个定律并不存在于我们的头脑中，它是被我们发现的，不是由我们发明或者创造出的，而是确确实实存在的。再比如，我们在童年学习的著名的三角形平等定律：数学定律需要大脑去理解发现，但没有大脑它们还是存在，因此在我看来二元论似乎无法否认。

不过，我希望有人可以从严格的一元论和唯物论的角度向我解释左派的大脑和右派的大脑之间有什么不同，或者，做加法时犯错的大脑和片刻之后反应过来纠正自己错误的同一个大脑之间有什么不同。我犯了一个错误，我去纠正它，难道这一前一后我的大脑不是同一个“生物性”存在吗？我认为，人类与机器的不同存在于人的精神生活里，因此，行为主义方法论顾名思义还停留在外在行为上，所以看不到两者的不同。

让我们丢弃这个没有尽头的形而上的争论，重新回到低级人工智能上来，它的好处跟唯物主义乌托邦（对这个我一点都不相信）无关，只跟存在的现实有关。

其实，在20世纪初，没有谁会打赌，哪怕只赌一分钱，说一台机器能够在国际象棋比赛中击败世界上最好的选手。这本来似乎是一个不太好笑的玩笑，幼稚的梦想，甚至可以被写进儒勒·凡尔纳的科幻小说。可是……自从这台名为“深蓝”的电脑在国际象棋比赛中夺得了世界冠军，我们知道了这是可能的。现在，除此之外，您电脑上的任何应用程序或者低配置智能手机的程序都能够做同样的事情！还有更多的例子表明低级人工智能领域在过去几年取得了非常大的进步。IBM设计的计算机取了一个叫沃森的名字，在2011年高调地参加了著名电视竞技节目《危险边缘》——在美国风靡一时的节目，并打败了两个冠军。对一台机器来说，这是一个令人难以置信的挑战：找到对应于自然语言编写的答案的问题（问题是用英语描述的）。通过使用Hadoop的软件（大数据处理软件），沃森已经能够全速处理两亿页的文字，这让它得以战胜其竞争对手——人类。有必要说明，它不仅能正确地“理解”问题，而且可以在几秒钟内读完所有的文章，这对人类来说要花费几辈子的时间，对一个提出的问题，它可以提炼出更多合适的答案（想象一下这个挑战有多艰巨：找到主持人给的答案背后的问题）。它的表现简直令人叹为观止。尽管我们仍然相信，高级人工智能只是一个乌托邦，但低级人工智能目前也已经远远超过人类的智能，带来许多现实问题。就像我提到的一封公开信中所讲的一样，这封信是由埃隆·马斯克、史蒂芬·霍金和比尔·盖茨签署的请愿书，旨在反对制造和使用著名的“杀手机器人”军队。这份请愿书涉及世界上参与这项研究的上千位研究人员。

这三位对科学和新技术满怀无限激情的人提醒我们关注无人驾驶飞机和远程操控导弹的危险。它们，通过遥控，用人来操控一些所谓的“高智商”的杀手机器人，能够自行决定是否“按下按钮”来结束一个人的生命。在信中，三位科学家或者说企业家提出了赞成和反对这些机器人的论据。他们承认，机器人可以在战争中投入使用从而代替人类，避免不必要的损失。但他们也说，危险是巨大的，大于它给人类带来的益处：

机器人的制作成本低廉，不需要稀有材料，这和原子弹不同，这种武器将很快被普及。不久，我们就可以在黑市上发现它，恐怖分子可以轻而易举获得它，独裁者可以通过它来奴役本国人民，军阀统治者可以通过它来进行种族灭绝，等等。

这就是我们的三个同类发出的警告，值得一听[1]。

首先，让我们来听一下比尔·盖茨先生的原话："我是对超级智能的发展保持担忧的人之一。目前，那些在我们的位置替代我们劳动、并完成许多任务的机器并不是超级智能。如果我们能够很好地进行管理，像这样的发展会变得越来越好。然而几十年之后，智能会带来新的问题。我十分同意埃隆·马斯克的观点，但不明白为什么目前人们对这个问题并不担心。"

史蒂芬·霍金强调道："成功地创造出人工智能是人类历史上伟大的进步。但，这极有可能是人类文明最后的进步。"

为什么是最后的呢？因为所有的一切都是根据达尔文的进化论选择而来的，智力也是，但在霍金的假设里，机器存在想要继续活下去的欲望，所以要消灭一切对它生命构成威胁的事物。既然存在这些智商超群的机器人，就像科幻电影里描绘的那样，能够在几秒钟之内读取百万页，知道我们所有的信息，知道只有我们人类有能力将他们的电源切断，因此自然而然，我们将会成为他们的头号敌人。一旦机器人控制了所有的信息服务器，也就是武器，它们将会变得有能力摧毁我们。

最后，我们来看看特斯拉公司 CEO、绝顶聪明的埃隆·马斯克说了什么："我认为我们应该非常小心谨慎。如果让我猜测什么最有可能对我们的生存造成威胁，我会说可能是人工智能。我越来越倾向于人工智能应

[1] 引用自 2015 年 7 月法国《快报》网站上的报道。

该被监管这个观点，包括国家层面和国际层面上的，以确保我们没有在干蠢事。开发人工智能，相当于在召唤恶魔。”

马斯克言行合一，出资 1000 万美元给一个致力于人工智能领域安全性研究的基金，这告诉我们，制定人工智能的监管规范对人类自身的安全来说至关重要。

图书在版编目（CIP）数据

超人类革命 /（法）吕克·费希（Luc Ferry）著；周行译 . — 长沙：湖南科学技术出版社，2017.9
ISBN 978-7-5357-9547-2

Ⅰ. ①超… Ⅱ. ①吕… ②周… Ⅲ. ①伦理学—研究 Ⅳ. ①B82

中国版本图书馆 CIP 数据核字（2017）第 226323 号

著作权合同登记号：图字 18-2017-095

La révolution transhumaniste by Luc Ferry
Copyright © Plon, 2016
Simplified Chinese language edition published by arrangement with Les Editions PLON
Through The Grayhawk Agency.

上架建议：畅销·社科

CHAORENLEI GEMING
超人类革命

作　　者：［法］吕克·费希
译　　者：周　行
出 版 人：张旭东
责任编辑：林澧波
监　　制：吴文娟
策划编辑：董　卉
特约编辑：李甜甜　宋　歌
版权支持：辛　艳
营销支持：刘晓晨　李天语
封面设计：黎花莉
版式设计：李　洁
出版发行：湖南科学技术出版社
（湖南省长沙市湘雅路 276 号　邮编：410008）
网　　址：www.hnstp.com
印　　刷：三河市百盛印装有限公司
经　　销：新华书店
开　　本：700mm × 995mm　1/16
字　　数：160 千字
印　　张：15.5
版　　次：2017 年 9 月第 1 版
印　　次：2017 年 9 月第 1 次印刷
书　　号：ISBN 978-7-5357-9547-2
定　　价：45.00 元

质量监督电话：010-59096394
团购电话：010-59320018